河北省软科学研究计划项目后续成果（项目编号：19456104D）
石家庄学院旅游管理国家一流本科专业建设成果

河北省创新城市旅游发展研究

段迎豪 孙 静 著

燕山大学出版社
·秦皇岛·

图书在版编目（CIP）数据

河北省创新城市旅游发展研究 / 段迎豪，孙静著 . —秦皇岛：燕山大学出版社，2022.6
ISBN 978-7-5761-0353-3

I. ①河⋯ II. ①段⋯ ②孙⋯ III. ①城市旅游—旅游业发展—研究—河北 IV. ①F592.722

中国版本图书馆 CIP 数据核字（2022）第 073432 号

河北省创新城市旅游发展研究
段迎豪　孙　静　著

出　版　人：	陈　玉			
责任编辑：	朱红波		策划编辑：	朱红波
责任印制：	吴　波		封面设计：	刘韦希
出版发行：	燕山大学出版社		电　　话：	0335-8387555
地　　址：	河北省秦皇岛市河北大街西段 438 号		邮政编码：	066004
印　　刷：	英格拉姆印刷(固安)有限公司		经　　销：	全国新华书店
开　　本：	700mm×1000mm　1/16		印　　张：	10.5
版　　次：	2022 年 6 月第 1 版		印　　次：	2022 年 6 月第 1 次印刷
书　　号：	ISBN 978-7-5761-0353-3		字　　数：	166 千字
定　　价：	42.00 元			

版权所有　侵权必究
如发生印刷、装订质量问题，读者可与出版社联系调换
联系电话：0335-8387718

前　言

本书为河北省科学技术厅软科学研究计划项目"河北省创新城市发展模式及评价指标体系研究"课题（项目编号19456104D）的后续研究成果及石家庄学院旅游管理一流本科专业建设成果。

"十三五"以来，河北省通过去产能、调结构、转动能，提升传统优势产业的科技含量，大力发展战略性新兴产业，以经济结构优化全力引领全省经济转型升级发展。

河北省各城市旅游资源禀赋高，区位交通优势明显，客源市场充足，旅游基础设施配套完善，旅游产业链条较为完整，发展旅游业基础扎实。近年来，全省各市主动作好旅游产业发展规划，实施旅游产业供给侧改革，积极推进文旅产业融合发展，践行"旅游+"理念，以创新为驱动，城市旅游产业与其他产业深度融合发展，带动了各地优质旅游资源的高品质开发，推动了各地旅游业的产品升级、功能升级和产业升级，拉动了经济增长。随着省市各级旅游产业发展大会的常态化举办，各地全域旅游建设进入旅游产业发展规模与发展质量全面提升的发展阶段。创新旅游业发展已成为推动全省各地经济转型发展的重要依托与重要引擎。

本书以创新发展为视角，聚焦河北省城市旅游发展，论述了创新与旅游发展、创新城市建设与创新城市旅游发展的密切关系，归纳了城市旅游发展模式与创新城市旅游发展基本模式，全面分析了"十三五"以来河北省旅游产业建设、文化生态建设与创新能力建设的现状及存在的主要问题，详细论述分析了河北省各地级市旅游产业的链条打造、核心资源开发、产业融合发展、新业态构建、旅游品牌形象推广、市场开拓等关键要素的基本情况。2019年年末开始的新冠肺炎疫情致使全球旅游业发展陷于停滞，河北省旅游业发展也按下暂停键。疫情对旅游业发展造成了极大冲击，也催生了旅游产业新业态。本书亦对疫情之下的河北省各地旅游业创新发展开展了分析研究。书中指出了各地在推动城市创新旅游发展中应给予关注和亟须解决的关键问题。对各市以创新发展为引领，以推动各市全域旅游高质量发展为目标，围绕旅游与相关产业深度融合、智慧旅游建设、旅游产业链条优化、拓展旅游产业内涵和外延、优化旅游产业供给侧结构性改革等旅游产业创新发展提出了有针对性的对策建议。本研究对处于转型发展关键时期的河北省城市创新旅游发展具有一定的参考价值。

在本书的写作过程中，石家庄学院马育倩教授、石永贵教授、陆相林教授给予了宝贵的建议，在此表示感谢。

目　　录

第一章　绪论 1
第一节　研究意义 1
第二节　研究方法 2
一、文献归纳法 2
二、数据分析法 2
三、问卷调查法 2
四、访问调查法 3
第三节　创新型城市 3
一、创新型城市的概念 3
二、创新型城市的重要意义 3
三、创新型城市构成要素 3
四、创新型城市四大发展模式 5
第四节　创新与旅游发展 7
第五节　创新城市与旅游发展 8
第六节　创新城市旅游发展 10
第七节　城市旅游发展模式 11
一、"领头羊"景区引领型 11
二、城市 IP 带动型 12
三、城市景区化发展型 12
四、垄断资源驱动型 12
五、都市旅游发展型 13
六、城市资源禀赋非优发展型 13

第二章　河北省创新旅游发展概述......15
第一节　旅游建设......15
  一、中国优秀旅游城市......15
  二、国家级历史文化名城......15
  三、国家级风景名胜区......16
  四、国家级地质公园......16
  五、国家全域旅游示范区......17
  六、A 级旅游景区......17
  七、世界遗产......18
  八、非物质文化遗产......19
  九、其他重要国字号旅游资源......19
  十、星级酒店......26
第二节　文化生态建设......27
  一、公共文化设施......27
  二、马拉松赛事......28
  三、文化经济发展......29
  四、文化教育......29
  五、互联网发展......30
第三节　创新能力......30

第三章　城市创新旅游发展研究......34
第一节　石家庄创新旅游发展研究......34
  一、重点旅游片区建设......34
  二、石家庄创新旅游发展的主要问题......40
  三、石家庄创新旅游发展对策......47
第二节　保定创新旅游发展研究......53
  一、保定旅游发展现状......53
  二、保定创新旅游发展的主要问题......58
  三、保定创新旅游发展对策......62

第三节　承德创新旅游发展研究 64
　　一、承德旅游发展概述 64
　　二、承德旅游发展格局 64
　　三、承德旅游市场数据分析 65
　　四、承德创新旅游发展现状 67
　　五、承德旅游发展的主要问题 69
　　六、承德创新旅游发展对策 71

第四节　邯郸创新旅游发展研究 73
　　一、邯郸旅游发展概述 73
　　二、邯郸旅游发展格局 74
　　三、邯郸创新旅游发展现状 75
　　四、邯郸创新旅游发展的主要问题 80
　　五、邯郸创新旅游发展对策 81

第五节　秦皇岛创新旅游发展研究 84
　　一、秦皇岛旅游发展概况 84
　　二、秦皇岛创新旅游发展现状与问题 84
　　三、秦皇岛创新旅游发展对策 93

第六节　唐山创新旅游发展研究 95
　　一、唐山旅游发展概况 95
　　二、唐山创新旅游发展现状与问题 95
　　三、唐山创新旅游发展格局构想 102

第七节　邢台创新旅游发展研究 105
　　一、邢台旅游发展概述 105
　　二、邢台创新旅游发展现状与问题 105
　　三、邢台创新旅游发展对策建议 114

第八节　张家口创新旅游发展研究 116
　　一、张家口旅游发展概述 116
　　二、张家口创新旅游发展现状与问题 116
　　三、张家口创新旅游发展格局构想 121

第九节　沧州创新旅游发展研究 126
　　一、沧州旅游发展概述 126
　　二、沧州创新旅游发展现状、主要问题与对策 126
　　三、沧州创新旅游发展格局构想 134
第十节　衡水创新旅游发展研究 138
　　一、衡水旅游发展概述 138
　　二、衡水创新旅游发展现状及问题 138
　　三、衡水创新旅游发展对策 144
第十一节　廊坊创新旅游发展研究 146
　　一、廊坊旅游发展现状 146
　　二、廊坊创新旅游发展的主要问题 151
　　三、廊坊创新旅游发展对策建议 153

参考文献 156

第一章 绪　　论

第一节　研究意义

2006年，国家作出了建设创新型国家的决定，出台了一系列促进自主创新体系建设的政策，全国上下自主创新的社会氛围不断优化。

党的十九届五中全会强调，坚持创新在我国现代化建设全局中的核心地位，把科技自立自强作为国家发展的战略支撑，并把完善科技创新体制机制作为坚持创新驱动发展、全面塑造发展新优势的重要内容。

城市是经济社会发展的中心区域，是区域经济产出、文化繁荣、人口集聚、科技发展最重要的载体。区域创新要素和资源的集聚中心地亦是城市。城市的稳健成长对区域和国家发展全局的影响举足轻重，意义深远。密切依靠科技、知识、人力、文化、体制、模式、管理等创新要素驱动发展的创新型城市对区域具有辐射带动与龙头引领作用。

对于旅游产业而言，城市是重要的客源输出地，也是宾主共享喜乐平安生活的目的地，更是旅游业创新发展的策源地、先行地与引擎地。旅游对促进市场繁荣、激发城市创新活力、推进城市国际化进程发挥着越来越重要的作用。

城市旅游竞争力的持续提升得益于市场繁荣和科技创新。旅游城市应以特色鲜明、定位精准、发展稳健、市场繁荣为导向创新发展模式，以科技创新为驱动丰富体验场景，赋能城市旅游，深入呈现旅游城市创新优势，推动实现旅游与创新城市和谐共生、旅游与文化相得益彰、旅游与产业融合发展，实现创新型城市旅游高质量发展，焕发创新型城市旅游生机活力，使城市成为游客与市民追求和共享美好生活的家园。

第二节 研究方法

本研究主要采用了文献归纳、数据分析、问卷调查、访问调查等社会科学研究方法。

一、文献归纳法

本书以"创新旅游""城市旅游""高质量旅游""全域旅游""创新城市"等为关键词，通过对 CNKI 的搜索，对近年来各地城市创新旅游发展进行了研究现状分析，梳理了主要的研究视角、研究方法、研究结论，归纳了各地在创新城市旅游发展中存在的共性问题，了解了创新城市旅游发展的主要实践经验及典型发展策略、发展模式、发展路径，为本研究的开展提供了理论及案例参考。

二、数据分析法

本书以河北省各地级市国民经济与社会发展统计年鉴、政府工作报告、产业发展规划、产业发展报告为依据，摘取了创新城市发展的相关影响因素支撑数据，利用数据比较、总体均值判断、均值推断、移动平均等描述性数据分析方法，揭示了河北各地在创新城市旅游发展中的基本情况，评价了各地创新城市旅游发展取得的主要成绩，分析了各地创新城市旅游发展存在的突出问题。通过数据分析法为河北省各市创新城市旅游发展提供了重要的评价与对策建议依据。

三、问卷调查法

本研究对政府相关部门、各地旅游行业主体、旅游从业人员、游客群体等开展了问卷调研。本研究借鉴城市旅游发展经典问卷开展问卷设计。从发放形式看主要为自填问卷,从问卷内容设计看以结构式问卷为主、开放式问卷为辅。通过问卷调查为本研究的开展提供了研究分析样本,与数据分析及访谈调研获取的信息一起,为河北省各地创新城市旅游发展提供了可靠及有说服力的调研数据,为对策建议的可行性提供了重要支撑。

四、访问调查法

本书在旅游淡旺季及旅发大会举办期间,前往各地旅游交通枢纽、旅游集散中心、代表性旅游景区、旅游购物场所、旅游休闲街区等地开展访谈调研,获取了游客满意度评价基本信息,了解了各地创新城市旅游发展的特色与亮点,找出了各地创新城市旅游发展中存在的短板与不足。通过访谈调查切实了解了各地创新城市旅游发展的市场需求,并为提升游客满意度、增加各地旅游新引力提供了研究样本与研究依据。

第三节 创新型城市

一、创新型城市的概念

创新型城市是指自主创新能力强、科技支撑引领作用突出、经济社会可持续发展水平高、区域辐射带动作用显著的城市。

二、创新型城市的重要意义

创新型城市是创新型国家建设的重要支柱。创新型城市在加快经济发展方式转变中发挥着核心带动作用。建设创新型城市是探索城市发展新模式的迫切要求。建设创新型城市是推进国家创新体系建设的关键环节。加快推进创新型城市建设,对于增强自主创新能力、加快经济发展方式转变、促进区域经济社会又好又快发展和建设创新型国家意义重大。

三、创新型城市构成要素

从 2018 年全球 TOP20 高科技城市排行榜看,不管是美国的纽约、旧金山、芝加哥，英国的伦敦，荷兰的阿姆斯特丹，还是日本的东京，韩国的首尔，加拿大的多伦多，瑞典的斯德哥尔摩以及我国的北京、上海、深圳等，无不是本国人口密度最大的城市之一。炫目的高科技、全球性人才聚集、众多顶级科研机构、全球知名大学、高水平的成果转化、发达的金融技术、耀眼的财富产出、治理能力优秀的政府、强大的创业文化、初创企业和风投企业沃土等都是创新型城市的傲人资本与显性表征。

总体上看，创新型城市构成要素主要包括以下四个方面：

（一）资源——创新资源是创新活动的基础

创新资源包括自然资源、创新人才、科技信息、知识集散、资本集散、文化繁荣等。

自然资源是创新发展的先天禀赋，资本集散是城市创新的支撑，知识集散是城市创新的主导因素，创新人才是城市创新的核心，科技信息是科技创新的引导和桥梁，文化繁荣是城市创新的底蕴与灵魂。

（二）机构——创新机构是创新活动的行为主体

创新机构包括高新技术企业、知名大学与研究院所、科技成果转化类中介组织及组织、协调、激励职能鲜明的政府等。

创新机构是创新城市建设驱动的优质平台。这些创新机构的集聚将为创新型城市吸引高端优质资源、实现技术转移转化、创业培育孵化、科技金融及高端人才集聚等提供有力支撑。创新机构所提供的创新服务也会有力地推动地方传统产业高级化和战略性新兴产业高端化，走好高质量发展之路。

（三）机制——有效的机制是创新体系有效运转的保证

有效机制包括激励、竞争、评价和监督机制。

城市创新是城市走向可持续发展、竞争力不断增强、城市集聚效应日益凸显、城市现代化进程稳步推进的立身之本。合理的创新机制将会为城市发展识变应变、因时而变、因势利导提供有力的制度保障。

构建基于保障创新体系有效运转的科技创新机制必将在推动科技创新力量布局、创新要素统筹配置、创新人才队伍构建等方面发挥体系化、集成化、协同化优势,提升城市创新体系整体效能。

(四)环境——良好的软硬环境是维系和促进创新的保障

软环境包括创新政策、法律法规、文化等,硬环境包括信息网络、科研设施等。

良好的创新环境,有利于创新效能的释放与创新资源的集聚,特别是涉及创新核心要素的人才队伍的培育环境建设。人才成长培养制度、人才使用机制、人才成长的激励措施、人才脱颖而出的选拔途径都是创新城市人才环境建设的着力点。

创新需要尊重科技创新和科技成果产业化规律,创新需要安全和谐、开放统一、公平竞争、充满活力的市场环境,创新需要建立健全科技创新和产业化发展的准入环境、信用环境、金融环境、消费环境与文化环境。没有好的创新环境,就不会有良好的创新预期。

四、创新型城市四大发展模式

(一)文化创新型城市

文化是城市独特的品牌。文化是城市发展的文脉与历史底蕴。以文化引领创新城市发展是构建创新型城市的重要路径。2019年,中美联合发布的《国际文化大都市评价报告》首次对全球51座国际文化大都市进行了评价。位居前十名的城市为纽约、伦敦、巴黎、东京、旧金山、柏林、北京、洛杉矶、上海、罗马。这些城市创新发展的战略与内容,均把文化产业发展作为城市创新发展的重要突破口,涉及人文生态建设、公共文化供给、公共文化参与、文化经济发展、文化教育、互联网发展、文化旅游、文化市场、文化全球影响构建与培育等诸多方面。

上述国际文化大都市均为世界历史文化名城,且这些城市多为经济发达的国际一线城市。因经济发达故可为城市创新发展提供充足的人力、物力、财力、智力、科技支撑，文化创新型城市的文化产业布局合理，优势突出，特别是拥有具备竞争识别优势的文化产业。大力推进文化创新，通过文化艺术领域创新，打造全新的城市发展形态是文化创新型城市发展的基本路径。

（二）工业创新型城市

这类城市，如美国的堪萨斯、日本的川崎等。以日本川崎为例，早在1993年该市就提出了《21世纪产业振兴计划》，该计划旨在将川崎发展成为国际产业创造都市、研发生产型都市，并构建具有川崎特色的新产业发展模式。

这类城市创新发展的重点，是以工业创新作为突破口，即区位优势显著，城市基础设施完善，工业基础扎实，尖端企业、工厂及研究所密集，科技成果工业转化效果丰硕，由此大力推进工业技术创新，形成以工业产业创新带动城市创新发展的格局。

（三）服务创新型城市

服务产业已经占我国GDP比重的一半以上，网络空间和数字技术的充分利用已经使得服务业成为高效率产业，毫无疑问，我们已经进入了服务型经济时代。德国柏林和日本东京等是服务创新型国际城市的代表。服务创新型城市创新发展的模式是把发展"城市+现代服务业"作为创新型城市的抓手，大力培育现代服务业。服务对象面向政府和社区、人才集聚、行业发展及创业孵化。可服务的范围包括：为政府、社区和城市稳定持续的高质量发展提供高端专业服务支持；为增强市场主体竞争力构建桥梁、统筹资源、解读政策并提供专业咨询服务；为创新城市依托的核心人才智库搭建成长平台，促进育才、用才、留才，促使人才集聚为本地城市创新发展作出贡献。"城市+"创新服务可以全面解决城市发展需求问题，并为未来的城市发展建立内容丰富的生态系统。

（四）科技创新型城市

科技创新是引领城市发展的原生动力之一。这类城市创新发展的战略与内容主要表现为科技优势显著与高精尖的科技支撑型经济结构;科学家、企业家等顶尖人才高度集聚、智慧密集;创新主体高度融合,协同互动;创新创业环境好,服务创新发展能力强;新型研发机构、技术创新中心、产业创新中心成为科技成果产业化的载体通道。如美国的硅谷、北京的中关村等。

科技创新型城市以先进的科技为驱动,在统筹推进城市经济、社会、文化、生态发展的同时,为全球各经济体的经济社会发展提供大量的高新技术和高科技产品,成为具有全球影响力的科技创新中心。

第四节 创新与旅游发展

党的十九大报告指出:"我国社会主要矛盾已经转化为人民日益增长的美好生活需要和不平衡不充分的发展之间的矛盾。"旅游参与度是衡量人民生活提升水平的重要因素,旅游消费是人民群众共享美好生活需求的重要组成部分。

众所周知,旅游业被称为21世纪的"朝阳产业",旅游业早已取代汽车、钢铁、石油等行业成为世界第一大产业,是全球经济的重要增长极。我国已经进入大众旅游时代,现阶段我国旅游需求已经从初级的观光游向高品质的休闲度假深度游转变。

2019年我国境内游人数达到55亿人次规模,这充分说明旅游已成为人民享受美好生活的重要方式和消费必需品;出境游达到1.48亿人次,连续多年为世界最大的旅游客源国;入境旅游达到1.45亿人次,是世界第四大入境旅游目的地。2019年全年实现旅游总收入6.63万亿元,旅游业对GDP的综合贡献为10.9万亿元,旅游业占我国GDP的比重达到11.05%,旅游业在国民经济中的支柱产业地位日趋稳固。

旅游业发展除带来显著的经济效益外,近年来在改善民生福祉、凝聚社会和谐、统筹区域发展、促进文化繁荣、保护生态环境、提升区域形象等方面也发挥了越来越重要的作用。旅游业已发展成为美好生活的创造者、社会多元共生的润滑剂、供给侧结构性改革的突破口、外向开放的最前沿、区域合作共赢发展的引擎机、服务经济的创新开拓者、生态文明的倡导与践行者、国家治理现代化中国智慧的展示者、人类命运共同体的构建者。

创新是旅游业安身立命、持续发展、行稳致远的不竭动力。旅游消费需求变化活跃，因此旅游行业必须应时而动、应势而变，紧贴市场需求，不断求新求异，走在变革创新的最前沿。全域旅游、文旅融合、旅游新要素、旅游综合体、旅游田园综合体、旅游特色小镇、旅居生活，旅行商 O2O、旅游 OTA、旅游 IP、智慧旅游、旅游网红等诸多旅游新业态充分反映了旅游业围绕市场需求与其他行业不断融合，创新发展，催生出旅游组织新形态、旅游产品新形态和旅游经营新形态。

旅游业具有依托性、关联性、交融性、脆弱性特点。2020 年以来，尽管受到新冠肺炎疫情影响，全球旅游业遭受重大打击，我国旅游业发展陷入倒退停滞，但是从长远看，疫情只会对短期需求造成影响，长期变化不大，发展还是主题，总体发展速度会缓中有升。

丰富旅游供给，提升旅游服务水平，满足游客旅游差异化需求，扩大旅游产业综合效益，全面促进旅游业高质量发展，应充分利用"旅游+"和"+旅游"融合创新发展这一路径。大力实施文旅融合、农旅融合、工旅融合、智旅融合、康旅融合等，以实现相互借势、交相生辉的发展新局面。在融合创新发展之路上，旅游业与相关产业都试图走出一条转型提质增效的光明大道。

打破传统产业格局是激发旅游创新创业活力的重要抓手。制定新的政策、探索新的方式、改变旧有逻辑、借助新要素实现组织体系创新、产品创新、业态创新、技术创新、制度创新、服务创新、管理创新、治理创新的突破，才能全面实现旅游产业的高质量发展。

第五节 创新城市与旅游发展

旅游对经济、社会发展和环境保护与可持续发展等方面具有重要的促进作用。以城市为代表的旅游区域是旅游发展的重要地理单元，旅游城市又是旅游的基本组成部分和关键节点。

联合国《世界城市化展望（2018年修正版）》显示，目前全世界55%的人口生活在城市之中，预计到2050年将会有超过60%的人口居住在城市，由此该报告判断人类社会将会全面进入以城市为主导的发展阶段。

近年来，我国工业化、城镇化发展水平日益提升，财富和人口向城市特别是区域中心城市和大城市聚集的趋势愈发显著，城市已成为我国现代化建设的主要空间载体。城市持续健康发展的必由之路是创新。相较于乡村，城市创新环境较好、创新要素丰富、创新资源齐聚、创新产业链条完善、创新成果转化快、创新示范带动效应显著。

在庞大的城市创新体系中，科学技术在创新旅游产品、旅游服务和旅游管理等方面具有显著的提质增效价值。旅游创新是创新城市发展的重要组成部分。旅游创新是创新城市发展效果外显化与感受度最显著的领域。

以全域旅游城市中心化发展趋势为背景，应充分利用城市作为重要的客源输出地、集聚游客的旅游目的地、旅游创新发展龙头引擎和旅游效益最大产生地的特殊地位，以及旅游在推进创新城市化建设中的引领带动作用，积极探索创建新型城市化和旅游业发展良性互动新机制，与其他创新要素共同驱动城市创新发展。

改革开放以来，我国旅游业产业规模急剧扩张，经济总量庞大，2019年全国旅游总收入达到6.63万亿元，旅游业占GDP的比重超过11%，由此可发现，我国旅游业的规模、影响已不容小觑。但不可否认的是，我国旅游业在综合竞争力、全球影响、产业结构、产品供应、服务质量、运行效率、市场开拓、盈利创收、转型提质等方面还有很大的改善空间。

改善的路径就是改革与创新发展。我国旅游业应改变目前主要依赖资源禀赋、人口红利、资本充盈等要素的旨在追求速度和规模扩张的粗放式旅游发展方式，转变为主要依靠技术创新、高端专业人才积累、资源关联匹配、品牌效益、生态影响、幸福价值效应等因素形成的新旅游增长驱动模式，以提升中国旅游业发展的效率和质量。

2015年与2017年，原国家旅游局先后确定两批共计41个"国家级旅游业改革创新先行区"。先行区以"创新统筹职能、创新政策措施、创新产业引导"为指针，改革主体为市县政府，改革内容聚焦旅游业体制机制，主要目标为实现旅游目的地整体发展，加快推进旅游相关领域的有效改革。

第六节 创新城市旅游发展

旅游业是传统服务业，属于劳动密集型产业，就业岗位多是其优势之一。随着新经济时代的到来和新科技革命的涌现，已经动摇了作为传统产业的旅游业的优势地位。

改革开放40多年来，国内诸多行业都已实现了产业的迭代发展，但是我国旅游行业创新变革效率不够理想，远落后于其他行业，旅游业所作的变革创新仅限于叠加之类的偏落后的发展模式。面对新经济时代和新科技革命大潮，旅游业发展应结合自身特点，主动对接新经济时代和新科技革命，依托创新城市发展推动旅游业创新发展。

创新城市旅游发展不可局限于旅游资源开发、旅游项目引进和服务设施配套，应该将其置于创新城市经济社会发展的重要组成部分加以科学规划。创新城市旅游发展应满足创新型旅游消费需求。创新旅游消费供给的完善也必将集聚旅游新阶层，从而为城市旅游发展提供新的动力，并成为创新城市的重要发展驱动。

创新城市旅游发展各层级的作用是有所区分的。旅游行业发展的顶层设计者应重点围绕创新城市旅游发展战略、发展路径、瓶颈突破、政策制度设计、创新环境营造等方面开展创新建设。因此针对省一级政府，应作好全省全域旅游创新发展、重点发展方向和全域旅游发展模式的决策。市县级政府创新旅游发展应主动学习新理念、新思维、新方法，关注城市旅游创新发展中出现的新问题，统筹资源，培育旅游产业要素，为创新城市旅游发展保驾护航。

第七节 城市旅游发展模式

城市旅游发展模式是指一个城市在特定时期内旅游产业发展的总体方式。

城市旅游发展模式应该以城市旅游地域、旅游消费者、旅游产业三要素相互作用的结果为选择依据。

城市旅游地域决定城市旅游发展功能布局。城市旅游空间布局又受优势旅游吸引物分布、项目选址、形象定位、关联业态发展层次、城市空间发展规划、城市发展方向等诸多因素影响。

旅游消费者决定了城市旅游的形象定位与资源统筹。旅游消费者对旅游目的地、旅游时间和旅游方式的选择偏好,旅游消费者旅游过程中的空间移动特点及旅游消费者旅游层次,及其在旅游目的地的消费选择,都深刻影响了城市旅游的发展方向。

旅游产业的发展基础决定了城市旅游创新发展的高度。旅游产业链条、旅游需求供给设计、旅游产业发展政策制度设计、旅游服务人力资源保障等因素充分反映了城市旅游业发展的市场基础。

根据各创新城市旅游发展情况,当前主要有以下几种典型的城市旅游发展模式。

一、"领头羊"景区引领型

"领头羊"景区引领型是指依托"领头羊"景区作为城市旅游核心吸引物、核心品牌、城市旅游引擎及城市经济发展重要动力。

按照发展创新城市旅游的发展目标,高层次、高起点整合创新城市旅游资源。旅游发展所需的基础配套设施与旅游公共服务设施配置都要以"领头羊"景区实现超常规、高质量跨越发展及引领带动的需要为前提。对"领头羊"景区现有旅游产品应作好扩容提质、改造升级,统筹各相关部门服务,优化旅游发展环境,形成"综合产业综合建设"的工作机制,促进城市本底印象景区化,走"旅游产业与城市建设一体化"的发展路径,最终实现以"领头羊"景区带动城市旅游业协同化发展,以"领头羊"景区带动旅游业与相关产业融合创新发展。其典型代表有四川乐山、贵州青岩、陕西华阴等地。

二、城市 IP 带动型

城市 IP 带动型是指以城市 IP 为核心，通过挖掘城市旅游独有个性及稀缺性吸引物，强化城市旅游核心吸引物辐射带动作用，依托城市综合经济实力雄厚、基础设施配套完善、游客可进入性好、旅游业传统支柱性产业地位稳定、旅游发展软环境优越、城市发展规划科学全面、"旅游+"和"+旅游"融合发展、城市旅游有效推动城乡一体化等有利条件带动城市旅游发展的模式。

该模式聚焦城市 IP，寻找、挖掘、显化最具发展潜力与核心吸引力的城市旅游 IP，全面塑造城市 IP 旅游生态、业态、动态与文脉，催生城市旅游新业态，拓展城市旅游产业，提升城市旅游 IP 价值链，全面辐射带动城市旅游发展。其典型代表有陕西西安、福建厦门等地。

三、城市景区化发展型

该发展模式是指着眼于城市国民经济和社会发展全局，把城市全域作为一个体量极大的景区来推动旅游资源整合、旅游发展规划设计、旅游开发建设、城市旅游营销体系构建、旅游发展环境营造的城市发展模式。

该模式以"城景一体"的视角深入推进全域旅游建设，实现产业融合发展、社会共建共享，打造全域旅游示范区，推动城市旅游发展模式的根本转换。城市景区化发展模式即推动城市旅游全景式规划，四季体验、要素聚集、相关业态应融尽融，以全社会共建共享为思路，推动城市旅游创新发展、高质量成长。其典型代表有广西桂林、河南焦作、海南三亚等地。

四、垄断资源驱动型

文化遗产和自然遗产有其特定的历史背景和地理环境，无法搬迁或复制，特别是世界级文化、自然遗产具有全球独特性及高品位的原真状态、优质美学特征和含金量超高的旅游价值，对全球旅游者产生独特吸引力，难以被复制或模仿，因此该类遗产所在城市属于显著具有垄断优势地位旅游资源的特殊性旅游城市。

纵观我国大型世界遗产项目所在地城市旅游发展情况，这些城市以高品位的世界遗产项目为依托，围绕世遗项目保护与开发，带动当地民族民俗、康养健体、工农业旅游、特产加工、城市休闲甚至旅游装备、汽车营地、精品民宿、旅游演艺、旅游综合体等业态繁荣发展，进而将城市打造成适合多种旅游市场需求的综合型高端旅游目的地。其典型代表有云南丽江、浙江杭州、江苏苏州等地。

五、都市旅游发展型

都市旅游有别于城市旅游，都市旅游是城市国民经济、社会发展到一定高度阶段的旅游活动。不是所有城市都可以开展都市旅游，开展都市旅游的城市一般都具有如下特点：第一，经济发展水平高，城市 GDP 位居全国前列，第三产业是城市经济的主体；第二，城市现代化水平高，具有全球知名度与国际影响力；第三，科学技术在城市发展中发挥了重要的引领带动作用；第四，具有独特的区位优势，对周边城市或省级行政区域经济社会发展辐射带动作用显著。

此类城市都市旅游业发展更加强调"旅游+"和"+旅游"的跨界融合、深度融合、创新融合、统筹整合，包括旅游业在内的国民经济各部门已从要素驱动、投资驱动转为创新驱动。都市旅游主要以城市休闲、都市风貌、会展旅游、商务旅游、节事旅游、主题公园、科技旅游为主要旅游吸引物。都市旅游的典型代表有上海、深圳、北京、广州等地。

六、城市资源禀赋非优发展型

因为旅游业对区域经济社会发展的带动作用显著，是第三产业发展的重要抓手，因此当前越来越多的非传统旅游资源优势城市也日益重视当地城市旅游发展，各级政府出台各种鼓励性政策，积极引导城市旅游发展。

这类城市一般具有以下特点：第一，城市等级较低，多为国内三四线城市，城市识别度偏低，经济实力缺乏竞争力；第二，旅游资源禀赋缺乏竞争力，客源限于本市或周边有限区域；第三，旅游业态发展滞后，旅游产业链条缺失，旅游业发展基础差，旅游业对城市经济发展贡献偏低；第四，这类城市不乏活跃的创新要素，在一定程度上具有后发优势。

资源禀赋非优城市旅游发展模式一般是改变原有传统旅游城市依赖旅游资源的开发模式，围绕激发城市经济活力、精准城市定位、构建城市品牌形象、创新旅游产品，以经济发展拉动城市发展，以城市发展带动旅游业发展。

资源禀赋非优发展的城市典型代表有江苏常州、广西南宁、浙江义乌等。

第二章　河北省创新旅游发展概述

创新城市发展的文化与旅游建设基础评价是对城市文化建设发展的系统性评估和分析。目前学术界和文旅业界从不同维度对文化与旅游城市的指标体系展开研究。本部分研究拟围绕城市旅游建设、文化生态建设、创新能力三个方面对河北省创新城市旅游发展基础进行分析研究。

第一节　旅游建设

一、中国优秀旅游城市

中国优秀旅游城市荣誉是评价城市旅游发展的重要参考因素。从1998年开始评选中国优秀旅游城市以来，至2020年全国共评选出9批共计337座中国优秀旅游城市。

河北省现有秦皇岛、承德、石家庄、廊坊、保定、邯郸、唐山、涿州、武安、遵化10个城市被命名为中国优秀旅游城市，全国排名第14位，其中地级市获得优秀旅游城市的数量占全省地级市的63.6%。

二、国家级历史文化名城

国家级历史文化名城是承载中华五千年文明的地域载体，历史文化名城因具有深厚的文化底蕴而青史留名，是领略博大精深中华文明和开展历史文化旅游的重要城市资源。

截至 2020 年，我国共评选出 137 座国家级历史文化名城。河北省现有承德、保定、邯郸、石家庄正定、秦皇岛山海关、张家口蔚县 6 座国家级历史文化名城，全国排名第 7 位。

目前关于古城旅游发展评价的称号是 2014 年由原国家旅游局评定的"国家古城旅游示范区"。河北省历史文化名城应参照"国家古城旅游示范区"评定标准，在保护古城历史文脉、历史风貌及人文生态的基础上作好古城文化与旅游业的融合发展，以文化创意促进旅游开发，以旅游开发带动旅游运营，以旅游运营激发旅游产业良性循环，以旅游产业良性循环提升古城旅游品位。

三、国家级风景名胜区

能够充分体现我国重要的自然演变过程和重要历史文化脉络发展过程，保持原始风貌的自然景观和人文景观历史地被命名为国家级风景名胜区，也被称为国家公园。

截至 2020 年，我国共评选出国家级风景名胜区 244 处。河北省石家庄、承德、保定、邯郸、邢台、秦皇岛 6 座地级市共拥有避暑山庄-外八庙、秦皇岛-北戴河、野三坡、嶂石岩、苍岩山、西柏坡-天桂山、崆山白云洞、太行大峡谷、响堂山、娲皇宫 10 处国家级风景名胜区，数量位居全国第 9 位。

四、国家级地质公园

以保护地质遗迹、科学研究、普及知识、旅游开发、发展经济为目的而设立的国家级地质公园是我国具有特殊地质科学意义、旅游美学价值突出，并拥有丰富自然景观与人文景观的自然区域。

截至 2020 年，我国共评选出 10 批 220 处国家级地质公园，河北省保定、唐山、承德、石家庄、邢台、秦皇岛、邯郸、沧州 8 座地级市共有涞源白石山、阜平天生桥、秦皇岛柳江、赞皇嶂石岩、涞水野三坡、临城、武安、兴隆、迁安-迁西、承德丹霞地貌、邢台峡谷群、任丘华北油田国家矿山公园 12 处国家级地质公园，数量位列全国第 6 位。

五、国家全域旅游示范区

为了引领全域旅游示范区建设及统筹旅游业供给侧改革,激发释放旅游消费潜力,带动第三产业发展,打造和树立高质量旅游目的地与旅游业改革创新发展典范,2017年河北省被确立为全域旅游改革示范省份。

2019年,国家文化和旅游部正式评选认定了首批71个国家全域旅游示范区。河北省的秦皇岛市北戴河区、邯郸市涉县、保定市易县被评为国家全域旅游示范区。2020年,石家庄市平山县、邯郸市武安市、秦皇岛市山海关区、唐山市迁西县被文化和旅游部确定为第二批国家全域旅游示范区。

河北省上述7个国家全域旅游示范区在城乡统筹、文化旅游融合、城景共建、休闲度假、生态保护、旅游扶贫、资源集聚等方面均取得众多创新发展成果,对全国旅游示范区建设具有重要的典型意义。

六、A级旅游景区

依据《旅游景区质量等级管理办法》国家标准,我国将旅游景区质量等级划分为5个等级,从低到高依次为1A、2A、3A、4A、5A等5个级别。A级景区评定主要从景观质量、基础设施、旅游服务、客源规模等方面进行测评。5A级景区的评定标准在一些条件的认定上甚至高于世界遗产的认定标准,是我国A级景区中的皇冠。

截至2020年,河北省现有A级景区464家,其中5A级11家,占比2.4%,略低于全国各省平均水平(全国各省平均水平为2.6%);4A级140家,占比30.2%,略低于全国各省平均水平(全国各省平均水平31.9%);3A级192家,占比41.4%,低于全国各省平均水平(全国各省平均水平43.2%);2A级119家,占比25.6%,高于全国各省平均水平(全国各省平均水平21.5%);A级景区2家,占比0.4%,低于全国各省平均水平(全国各省平均水平为0.8%)。

2019年全国各省、自治区及直辖市GDP排名榜中河北省位列第13位,经济发展处于全国中上游水平。从GDP排名前13位的省市看,A级景区数量最多的省份为山东省,达到了1227家,各省平均拥有各类A级景区542家;

江苏省 5A 级景区以 25 家的规模位居全国首位。各省 5A 级景区平均数量为 13 家且占各自省份 A 级景区总量的平均比例为 2.71%。

由此可以发现,河北省各类 A 级景区建设在数量及结构上均低于全国 GDP 排名前 12 位各省平均水平,现有 A 级景区升级提质任重道远。特别是在景观维护、智慧型景区覆盖、指示导览系统配置、游客中心功能改善、旅游公厕建设、游客满意度提升等方面亟待加强。

七、世界遗产

世界遗产项目是全人类共同拥有的宝贵财富。世界遗产的申报成功极大地增强了中华文明的影响力、民族自信心和自豪感。世界遗产综合价值高,旅游资源禀赋顶级,旅游产品升级空间大,品牌影响聚合力好,是所在地旅游业发展的金字招牌。世界遗产在推动旅游经济发展的同时也促进所在地更加开放,外资吸引力显著增强,城市综合竞争力大步提升。

世界文化遗产所在地相较其他城市更容易打造成为世界历史文化名城或国际热门文化历史旅游城市。不言而喻,世遗项目对所在地旅游业的发展能够形成强大、持续的推动力。截至 2020 年,我国世界遗产总数达到了 55 处,位列世界第一。

河北省共拥有长城、大运河、明清皇家陵寝、避暑山庄及周围寺庙四项世界遗产项目,且均为文化遗产项目。我省四项世遗所在地在成功申报世界遗产项目后,城市化、商业化等过度开发情况表现不明显,但在作好世遗项目保护的同时如何对不同特质的世遗项目进行合理的开发利用,特别是旅游价值的挖掘转化是摆在各地面前的一道难题。

避暑山庄及周围寺庙所在地承德是国内知名旅游城市,随着高速、高铁、机场的相继建成运行,制约承德旅游快速发展的交通瓶颈已得到极大改善,可进入程度的显著提升,为承德发展成为国际知名旅游城市打下了坚实基础。

其余三项世遗项目因多省联合申报、区位劣势、被替代效应显著、知名度不够、旅游开发模式不成熟等诸多原因,导致其对当地经济社会发展带动作用并不显著,当地旅游业发展也相对落后。不过遗产地旅游发展缓慢,也反映了遗产所在地对世遗项目开发的慎重,在没有高品质资源保护与开发措施之前暂缓开发无异于为后续的高品质开发提供了良好的资源基础。

八、非物质文化遗产

非物质文化遗产旅游即非遗旅游,是围绕丰富多彩的各类非物质文化遗产开展的各类旅游消费活动。

"非遗+旅游"的融合发展是推动文旅消费供给侧改革的重要突破口,探索非遗与旅游融合的模式和途径是推动旅游业融合创新发展的新空间和新机遇。

根据《国务院关于加强文化遗产保护的通知》,国家文化和旅游部 2006—2020 年共批准 5 批 1709 项国家级非遗项目,其中河北省共有 5 批 10 个门类 164 项国家级非遗项目(第一批 40 项,第二批 78 项,第三批 15 项,第四批 16 项,第五批 15 项),占国家级非遗总量的 9.6%,全国排名第四,是全国非遗项目大省。

河北省四级非物质文化遗产数量多,门类齐全,传承、挖掘保护状况较好。非物质文化遗产旅游活动主要包括非遗节庆旅游、非遗景区展演、非遗博物馆或数字化展示、非遗演艺、非遗旅游购物、非遗场景化体验、非遗工农业旅游、非遗研学等多种类型。

河北省非遗发展存在的主要问题:第一,缺乏非遗旅游品牌或代表性龙头非遗旅游项目,产业化程度不够,影响力有限;第二,非遗类旅游产品创新乏力,展示形式简单粗放,缺乏精品意识,文化魅力挖掘不够,体验性设计薄弱,缺乏市场竞争力;第三,非遗与旅游融合不够紧密,非遗对旅游产业促进作用不显著,旅游产业对非遗项目保护传承影响不足。

九、其他重要国字号旅游资源

(一)国家级旅游度假区

国家级旅游度假区关注消费者对美好幸福生活的期望,是我国旅游行业继

5A 级景区资质的又一金字招牌。

国家级旅游度假区重点关注度假产品、服务配套设备设施、服务品质等游客度假体验高满意度的关键要素，更加强调人与自然的生态环境友好程度，真正能让顾客慢下来、停下来、静下来，切实享受高品质的旅居度假生活。国家级旅游度假区主要包括湖泊河流、海滨、温泉、山地丘陵、特色小镇、冰雪、沙漠草原、主题文化等多种类型。

截至 2020 年，我国共评选出国家级旅游度假区 45 家，河北省崇礼冰雪旅游度假区名列其中。相较于江苏、浙江、山东等省份，河北省国家级旅游度假区创建数量及类型都有待提升。河北省旅游资源类型齐全，但是精品型景区、以休闲度假为主的景区建设滞后，后续应围绕京津冀大市场统筹布局国家级旅游度假区的申报与建设。

（二）国家生态旅游示范区

国家生态旅游示范区是以独具特色的自然生态、保存完整真实的自然景观和与之共生的健康人文生态于一体，以激发引领旅游者对自然的认识、理解、学习、尊重为重要功能的可持续发展能力好，保护理念科学，管理规范，具有示范效应的典型生态旅游区。

根据《全国生态旅游发展规划（2016—2025 年）》，生态旅游区包括森林公园、自然保护区、地质公园、风景名胜区、水利风景区、湿地公园、沙漠公园等自然保护地。我国于 2007 年、2013 年、2014 年、2015 年累计批准设立 4 批 111 处国家生态旅游示范区。

河北省保定野三坡景区与河北省衡水市衡水湖景区分别于 2014 年、2015 年被列入国家生态旅游示范区。河北省国家级生态旅游示范区数量少，排名全国第 25 位，远远落后于其他省份。

虽然从 2015 年后国家级生态旅游示范区暂停审批，但江西、福建、四川等不少省份依然将生态旅游区建设作为省域"绿水青山、金山银山"的发展战略加以高度重视，主动推进本省省级生态旅游示范区建设申报，积极构建本省生态旅游区域体，增强本省旅游竞争力，优化本省生态环境建设。

河北省生态旅游资源丰富，森林生态系统完整，生物多样性突出；地文资源得天独厚，嶂石岩地貌、大理岩峰林地貌全国独有；水文资源尤其是湖泊资源全国闻名。河北省现有徒步旅行、森林宿营、森林氧吧、滑雪温泉、攀岩登山、山地滑翔伞等多种生态旅游产品。从发展规划看，河北省生态旅游区更多是概念打造，只是于2016年提出要建设雾灵山、辽河源、坝上草原、白洋淀、衡水湖、崇礼-赤城、京西百渡等7个全国重点生态旅游目的地，后续并未将其列入发展规划，省级生态旅游示范区规范化建设也尚未启动，因此河北省生态旅游区建设任重道远。

（三）国家旅游扶贫试验区

2013年，河北省保定市阜平县被列入"国家旅游扶贫试验区"，着眼区域发展与扶贫攻坚，以推动旅游发展为契机，发挥城南庄、骆驼湾、天生桥等历史文化与自然资源优势，以公共服务设施和重点景区建设为政策扶持重点；打造龙头景区，注重重点景区的品牌提升和建设；发展乡村旅游，调动百姓旅游致富的参与力和积极性，探索旅游扶贫新模式。

（四）国家文化旅游示范区

通过文旅融合，繁荣文化，激发新动能，促进文旅产业转型是推动经济发展、促进区域统筹发展的重要抓手。为推动文化和旅游融合，2019年国务院办公厅发布《关于进一步激发文化和旅游消费潜力的意见》，提出到2022年建设30个国家文化产业和旅游产业融合发展示范区。

河北省燕赵文化厚重、历史悠久，文化类旅游资源门类齐全、分布广泛，众多文化在燕赵大地交融发展。河北是华夏文化重镇，是中华文明的重要发祥地之一。从文化类旅游资源开发情况看，《河北省旅游产业发展总体规划（2003—2020）》提出，要"依托华夏文明核心区和燕赵文化根基深厚，大力发展文化旅游"，但从10余年的发展情况看，河北省文化旅游大省形象尚未形成，文化旅游资源利用程度不足。旅游开发以传统的观光游为主，度假型、复合型和深度体验型等高附加值类旅游创新产品开发不足，文化旅游品牌缺乏，管理体制不顺，开发理念落后。

2020年以来山东、山西等文化大省均制定了专项文化旅游融合发展规划，通过建设文化旅游示范区，依托地域文化，积极培育文化旅游新业态，主动探索文化与旅游融合新路径，以期变文化资源优势为文化产业优势，进而推动本省旅游产业的供给侧改革与产业转型高质量发展。

河北省应着眼于推进旅游产业转型升级、提升河北旅游产业品质、弘扬河北燕赵文化、树立河北文化旅游大省新形象的站位，理顺机制，制定政策规划，整合文化旅游资源，创新开发文旅产品，精准营销，大力推动河北文化旅游示范区建设，打造有竞争力的文化旅游典范品牌，建设一流品质的旅游目的地。河北省应下决心，出台具体举措，争取到2023年建设成为国家文化产业和旅游产业融合发展示范区。

（五）国家文化旅游重点项目

为了打造旅游演艺品牌，促进旅游演出市场的繁荣发展，原文化部和国家旅游局于2010年推选出了《国家文化旅游重点项目名录——旅游演出类》，共有35个旅游演艺项目列入演出名录。河北省仅有沧州吴桥杂技大世界园区演出被列入重点项目名录。

2019年，《关于促进旅游演艺发展的指导意见》正式发布，旅游演艺日益成为旅游消费新热点，是文旅融合发展的重要载体。旅游演艺集科技赋能、夜游经济、青山绿水、中国故事、传统技艺等于一体，推动文化和旅游的融合创新发展。

河北省戏曲、曲艺、民间传说、历史文化资源丰富，分布广，影响大。旅游演艺起步较早，但发展相对滞后，现有旅游演艺项目投资小、多而杂、创意不足、形式陈旧，缺乏精品意识，产品包装宣传力度弱，知名度有限，未形成演艺产业集群，影响范围小，且演出季节性特点突出，演出市场不温不火。发展至今，河北省仍然缺乏在全国叫得响的具有震撼力和感染力的精品旅游演艺作品。

河北省旅游文化演艺项目可挖掘资源空间广，潜力大。河北省应充分依托燕赵文化，结合地方文脉，深入挖掘河北特色文化与自然资源，对接市场需求，创新演艺项目，突出精品意识，培育旅游演艺品牌，打造旅游演艺产业集群，彰显文旅大省独特魅力。

（六）国家级旅游线路

为了培育中国新的旅游消费热点，2010年原国家旅游局发布了12条"国家旅游线路"。国家旅游线路是由原国家旅游局为促进入境旅游客源增量、境内游目的地客源有序流动，精心筛选的主题明确、特色鲜明、知名度高、交通便捷、游览评价高的，能代表中华文化和壮丽景观的一批国家级旅游热点精品线路。河北省主要涉及"中国万里长城国家旅游路线""中国大运河国家旅游路线"及"中国滨海度假国家旅游路线"。

近年来，自驾游市场蓬勃发展，基于游客出行大数据、产品市场美誉度及文化影响力等因素，2020年，文化和旅游部联合自驾游行业组织、自驾游运营企业共同发布了"中国之路"全国自驾游十大精品线路。河北的山海关、金山岭、大境门、崇礼长城被列入"长城内外·古老长城发现之旅"自驾游节点。

2021年，国家文化和旅游部联合国家发改委联合推出了"体验脱贫成就·助力乡村振兴"乡村旅游学习体验线路300条，这些线路的推出丰富了乡村旅游产品供给，满足了旅游市场对乡村旅游产品日益增长的需求，同时让国民体验伟大的脱贫成就，助力乡村振兴。

河北省共有承德坝上满蒙风情游、秦皇岛田园雅居健养游、邯郸太行古镇醉氧游、沧州运河奇绝农趣游、保定山水乡恋休闲游、唐山曹妃甸渤海嗨游、石家庄生态走廊初心游、衡水音画艺术汉风游、张家口海坨山谷浪漫游、邢台古风绿岭颐养游等10条线路入选。

从上述国家级旅游线路评选看，河北省的长城、大运河、滨海等传统优势旅游资源尽列其中，新打造的主题性旅游线路紧贴市场需求，反映了市场对河北旅游产品的评价与选择。

河北省优势旅游资源开发利用程度低，冰雪、草原、皇家文化、红色文化等诸多资源禀赋优势明显的旅游资源线路化设计包装不足，市场卖点不足，被替代效应明显，整体竞争力偏弱。

河北省知名景点之间串联交通便利程度虽有改善，但是评价游客满意度的旅游时间比还没有控制在一个更优的区间。现有线路缺乏主题，同质化线路过多，已有线路串接主要突出盈利能力。线路设计的代表性、合理性不足，游客满意度低。

因此，河北省应加大力度深入挖掘优势旅游资源，打造精品旅游线路，改善自助游线路基础设施建设，创新营销手段，推动跨区域合作，为建设更多国家级旅游线路奠定基础。

（七）红色旅游

根据中共中央办公厅、国务院办公厅发布的《全国红色旅游景点景区》名录，截至2018年，全国已有红色旅游经典景区300个。2019年，全国红色旅游规模达到14.1亿人次，占全国国内旅游总人次的11.92%，红色旅游收入达到了4000亿元，产业规模巨大。

随着党史教育、国民情感教育、爱国主义教育日益呈现常态化、大众化的发展趋势，红色旅游的市场规模将不断跨上新台阶，红色旅游已成为国内旅游业非常重要的增长点。

河北省是全国红色旅游资源大省，有14家景区列入全国红色旅游经典景区名录，从数量上看，与湖南、湖北、河南并列第二。

从河北省红色旅游发展现状看，由红色旅游资源大省向红色旅游发展强省转化的速度加快；红色旅游市场规模逐年增长，红色旅游收入增长强劲；红色景区吸引力日益增强，出现了以西柏坡、白洋淀等为代表的一批全国知名经典红色旅游景区；红色旅游产业已成为河北旅游业发展的重要引擎；红色旅游已经成为河北旅游扶贫、绿色生态建设的重要途径。

河北红色旅游发展亟须解决的问题同样突出，主要包括：第一，景区精品化提质建设与内涵发展日益紧迫。河北部分红色景区设备设施陈旧，展陈方式落后，游览设计体验度差，旅游产品开发雷同，景区规划简陋，规范化品质化建设迟缓，红色资源整合度不够，可持续发展面临挑战，难以为高质量发展奠定开发基础。第二，红色文化解读肤浅，红色旅游低俗化、庸俗化、恶俗化倾向凸显，主要表现是虚构历史、曲解历史；教育功能弱化，游览氛围过度娱乐化、商业化；当地人文生态环境亟待重塑。第三，红色旅游产业链条尚不完善，除红色旅游景区外，河北红色旅游交通、住宿、餐饮、购物、娱乐等红旅产业链上的每一个"链环"，均应配备齐全，满足红色旅游内涵发展需求。第四，"红色旅游+"的发展模式有待拓展与创新。应进一步在科技融合、精神内核融合、产业融合、空间融合、产品线路融合等方面积极探索，增强河北红色旅游综合吸引力与竞争力。

（八）农业休闲游

休闲农业与乡村主题旅游是一种农旅产业新形态，在满足旅游消费新需求、丰富旅游产品供给、优化农旅产业结构等方面具有重要的地位和作用，是农村农业提质增效、农民就业增收的新途径，是促进国内旅游消费的新业态，是农业农村经济新的增长点。

2017年，原农业部联合原国家旅游局发布了全国休闲农业与乡村旅游示范县、示范点名单。河北省的石家庄市元氏县、承德市双滦区入选示范县名录。唐山迁西县喜峰口板栗专业合作社观光园、张家口宣化区假日绿岛生态农业文化旅游观光园、邢台临城县尚水渔庄、邯郸武安市白沙村休闲农业园区入选示范点名录。2019、2020年，河北省共有2批35个乡村镇列入全国乡村旅游重点村。

近年来，河北省农业休闲旅游发展势头迅猛，除传统的农业观光游外，乡村土特产购物游、乡村传统民俗节庆游、乡村精品民宿休闲度假游、乡村农事体验研学游、乡村康体健身疗养游、新农村考察等乡村旅游新产品也日益丰富。

当前，河北省休闲农业乡村游发展主要存在如下问题：第一，尚未形成产业规模优势，河北省休闲农业旅游发展小、散、弱、同表现突出，业态发展缺乏整体规划，规范化建设缺乏系统性设计，乡村休闲旅游接待基础设施与配套设施建设薄弱。第二，综合效益不突出，经济效益较低。主要原因是发展基础底子薄，投资乏力，品牌意识不足，客源开拓渠道窄，运营能力不足。第三，农村休闲游以传统观光游为主，游客重游率低、消费贡献少。发展模式以层次较低的农家乐模式为主，田园农业休闲游模式、民俗风情旅游模式、村落乡镇旅游模式近年来有所发展，但发展层次相对较低也仅限于起步阶段。休闲度假旅游模式、科普教育旅游模式、回归自然旅游模式有待开拓。第四，休闲旅游现代化元素、科技元素明显不足。主要表现为产品多为传统观光、传统农事活动，应用传统的农业技术，而极具吸引力的现代农业生物技术、现代仿生仿真技术、智慧景区建设、大数据网络运营等明显不足，亟待改善。

（九）其他

河北省是沿海省份，秦皇岛北戴河是全国知名滨海度假胜地。与滨海度假相关的国字号品牌是"国家滨海休闲旅游示范区"，全国仅有青岛一处，河北空缺。同时，河北省在国家旅游休闲度假示范区创建上也有待突破。

十、星级酒店

一座城市拥有四星级以上酒店的数量直接反映了城市旅游接待水平的高低。高星级酒店特别是五星级酒店是评价城市经济发展与对外开放程度的重要参考指标。高星级酒店对于促进城市形象提升、增加投资吸引力、增加高端游客、接待国际游客、改善地方旅游环境等具有重要的促进作用。以酒店业为代表的投资已成为城市经济增长与创新发展的新动力。

近年来，河北省星级酒店数量规模保持相对稳定状态，截至 2021 年，河北省共有旅游星级酒店 379 家，全国排名第 9 位，其中五星级 25 家，占全部酒店的 6.6%；四星级 128 家，占全部酒店的 33.8%；三星级 163 家，占全部酒店的 43%；二星级 62 家，一星级 1 家，占全部酒店的 16.6%。河北省星级酒店数量仅占全国星级酒店数量的 3.9%。

从国家文化和旅游部发布的全国星级饭店统计报告可以发现，河北星级酒店在平均房价、平均出租率、每间可供出租客房收入这三项指标上均未进入全国前 10 名，且低于全国平均水平。营业收入与每间客房平均营业收入位列全国第九。从客源情况看，河北省星级酒店主要以商务客源为主，商务型酒店偏多，休闲度假型酒店比例较低；从运营情况看，多数酒店为单体酒店，缺乏集团化运营能力，大数据等高科技运营投入不足，以线下运营为主；从品牌情况看，河北高星级酒店主要是内资品牌，国际品牌偏少，反映出河北星级酒店国际化程度低，也在一定程度上说明河北省对外开放程度偏低。

从上述数据可以发现，河北省星级酒店无论规模还是发展质量都与全国先进省市具有较大差距。未来河北省星级酒店应结合经济社会发展需要及消费升级转型的趋势，精准定位，大力发展康养休闲、家庭与亲子、特色 IP 酒店。

第二节　文化生态建设

一、公共文化设施

（一）每百万人图书馆数

该数据大致可以反映出城市居民进行休闲阅读的情况，同时也可以反映出一座城市的文化氛围与知识型城市创建水平。

根据 2021 年全国第七次人口普查数据，河北省共有 7461 万人。截至 2020 年，河北省共拥有公共图书馆 173 座，全国排名第二；平均每百万人拥有图书馆 2.31 座，人均拥有藏书量 0.34 本，全国排名倒数第二。

（二）每万人拥有体育场地数量

截至 2020 年，河北省各类体育场地达 75969 个，平均每万人拥有 10.17 个，规模体育场馆 842 个。从全国平均数据看，2018 年，河北省每万人拥有体育场地 15.06 座，远低于全国平均水平。

（三）每百万人艺术表演场所

该数据可以反映出一座城市电影及其他文艺演出的平均规模，从一个侧面反映出一座城市的文化繁荣程度。

截至 2020 年，河北省共有艺术表演团体 450 个，平均每百万人拥有 6 个艺术表演团体；艺术表演场馆81座，平均每百万人拥有1.08座表演场馆。全省有博物馆122个，每百万人拥有1.64座，低于全国每百万人拥有4座博物馆的平均水平。截至2019年，河北省共有电影放映行业企业530家，平均每百万人拥有7座电影院。

二、马拉松赛事

近年来，马拉松赛事蓬勃发展，马拉松运动成为最大众化的全民健身运动方式，全民参与热情高涨。疫情过后，体育旅游更是炙手可热，高水平马拉松赛事的举办可以提升城市的知名度与美誉度，充分展现城市建设管理水平；能够使城市文化底蕴更为厚重，文化内涵更加丰富；能够充分体现"创新、绿色、协调、共享、开放"的发展理念，成为展示城市综合实力、创新开放的重要窗口，因此越来越多的城市将马拉松赛事举办提升到了城市发展的高度加以关注。

2019年，全国举办各类马拉松赛事1828场，河北省共举办各类马拉松赛事20项，与中国田径协会共办马拉松赛事9场。唐山国际马拉松、秦皇岛国际马拉松、衡水湖国际马拉松、石家庄马拉松、雄安马拉松、涞水野三坡马拉松等赛事被评为中国田径协会金牌赛事。

我国被国际田联认可的金标马拉松赛事仅有12项，2019衡水湖国际马拉松赛被国际田联评为国际金标赛事，这标志着衡水湖国际马拉松赛正式迈进"双金赛事"（国内金牌，国际金标）行列，这也是马拉松赛事评定中的最高等级，同时也是我省承办的最高级别的国际马拉松赛事。

总体来看，河北省马拉松赛事举办规模逐年增长，场次数量、参赛人数屡创新高，高级别赛事增速显著。但是从全国各省区马拉松赛事举办情况来看，河北省马拉松赛事举办场次远低于全国平均水平（2018全国平均35场/省，2019全国平均59场/省），"双金赛事"少，单场次规模小，赛事已显现同质化倾向。同时，马拉松赛事运营能力不足，应在赛事策划、赞助招商、宣传推介、赛事服务保障、赛事突发事件处理、市场化运营等方面进行改善提升。

三、文化经济发展

文化产业是打破河北创新发展瓶颈的重要突破口。文化制造业、文化批零业、文化服务业是河北省文化产业发展的压舱石。2019年，河北省文化产业总资产达到4328亿元，营业收入达到1578亿元，但同先进省份相比，河北省文化产业从规模以上文化企业、全国"文化企业百强榜"、A股上市文化企业、国家文化出口重点企业、国家文化出口重点项目及省级文化类高新技术产业的数量、竞争力等均不理想，且相关数据均低于全国平均水平。

当前河北省文化产业发展三大压舱石产业中，文化制造业、文化批零业增速迟缓，文化创意设计服务、数字创意产业、文化金融、文化投资运营等文化产业新兴业态虽营收速度增速较快，但奈何新兴文化产业规模小，影响力几乎可以忽略不计。

后续河北省应以文旅融合为突破口，首先，重点抓好特色工艺品、特色演艺及特色文旅街区、小镇、古城等特色文化旅游项目；其次，推进科技创新对河北省文化产业的结构变革，特别是运用大数据、物联网、区块链等科技创新成果推动河北省文化产业的升级换代、革故鼎新；再次，要重点培育文化产业龙头示范区及知名文化产业，带动河北中小文化企业集聚发展，争取将雄安新区建设成为国家文化产业示范区。

四、文化教育

近年来，河北省高等教育稳步发展，已基本形成层次齐全、学科齐整、布局合理、适应全省经济社会发展的高等教育体系。

截至2020年，河北省共有普通高等学校125所，其中本科院校61所、专科院校64所。河北省现有"211"院校1所、双一流院校1所，没有"985"院校，研究生培养机构29个，其中地方高校22所，在学研究生5万人。

众所周知，受地域环境、历史条件等因素的限制，河北省高校发展定位、服务能力提升、优势学科建设、学科专业特色打造、人才培养适应性、产学研共建等反映办学水平的指标相对滞后，河北省高等教育发展水平低。

河北省高等教育与北京、天津发展差距大，这种差距制约了京津冀一体化协同发展进程。因此，河北教育发展水平的提升始终是京津冀教育协同发展的主要任务之一。

五、互联网发展

根据《2019年度河北省互联网发展报告》显示，2019年河北省数字经济发展迅速，经济规模突破万亿元，数字经济发展已步入快车道。河北省网民规模达到4934万，互联网普及率为65%，超过了全国平均水平。移动互联网用户规模6915万人，居全国第7位。河北省网站数量为21.69万个，居全国第8位，IPv4地址数为1104万个，居全国第7位。全省各类网站中以搜索引擎网站用户覆盖率最高，达98.4%。

河北省属于京津冀地区，根据企鹅智库（2019年）依据城市行政级别、城市人口规模、互联网基础资源及商业能力等维度发布的城市互联网生态指数相关数据显示，京津冀互联网生态指数赋分与城市经济发展综合实力正相关，统计范围内各城市平均分为96.3分。

互联网生态指数是由"互联网+泛娱乐""互联网+金融服务""互联网+生活服务""互联网+基础产业"组成的。北京以138.1分居于全国首位，互联网从业人员与企业高度分布于北京；天津100.5分属于全国第二梯队；河北的石家庄与保定属于第三梯队，得分分别为87.7分、83.8分，与全国平均水平差距较大。

从相关指标来看，河北省在互联网金融和互联网基础产业两个板块发展基础相对较好，基本与全国平均水平相符，而在互联网社交、视频、短视频、新闻资讯、游戏、出行、电商购物、餐饮、政务民生、生活大额消费等方面与全国同类省市相比差距较大。

第三节　创新能力

2019年，河北省旅游业接待游客突破7.5亿人次，旅游业总收入突破9000

亿元，同比分别增长约 15%和 20%。不言而喻，旅游业为河北省经济转型发展及供给侧改革作出了重要贡献。河北省具有旅游业发展的优势旅游资源禀赋，环京津沿渤海区位优势明显，消费人口规模大，交通可进入性好。但是河北的上述诸多优势并未转化为高质量产业优势，管理水平、发展速度、产品层次、产品规模等与先进省市有较大差距。

根据《中国区域创新能力评价报告 2019》显示，2019 年河北省科技投入持续增加，研究与试验发展（R&D）经费投入增长较快，财政资金中科技领域支出稳步增长。2019 年，河北省共投入研究与试验发展经费 566.7 亿元，比 2018 年增加 67 亿元，同比增长 13.4%。从使用领域来看，经费使用以试验发展经费为主，占全部支出的 87.2%；应用性研究次之，占全部支出的 10.2%；基础性研究投入最少，仅占全部支出的 2.6%。从投入主体看，企业研究与试验发展经费最多，占全部投入的 86.5%；政府属研究机构经费投入次之，占全部投入的 8.8%；高校投入经费最少，仅占全部投入的 4.7%。

从整体情况看，河北省 2019 年综合指标全国排名居于第 20 位，比 2018 年下降 1 位，凸显了河北省面临的转型发展压力较大。以上数据反映出河北省创新能力存在如下问题：

第一，资金投入不足。虽然河北省对创新高度重视并持续增加投入，但仍不能满足巨大的创新需求。河北对外开放程度应进一步提升，外贸经济应寻求新突破，市场活力应进一步激发，应大力支持创新创业活动，继续优化创新创业环境。在企业创新方面知识创新能力不足，包括基础研究、应用研究及试验发展。

第二，基础理论创新滞后于实践创新需要。河北省已全面进入改革深水区，经济发展进入寻求经济可持续增长的新常态，转型发展压力巨大。基础理论创新滞后于实践创新的迫切需求，已严重影响到河北省创新能力的提升与发展。

第三，创新成果转化率低。区域创新效率是指区域内创新投入要素和最终产出之间的转换效率。创新效率可以反映出河北省创新资源与创新绩效之间的协调发展程度以及创新资源的整合配置合理程度。

从全国 31 个省区直辖市（不含港澳台）的创新能力看，河北省综合创新实力排名全国第 17 位，但创新效率排名全国倒数第二，河北省技术效率值偏低，规模效率值一般，说明河北省创新综合效率不理想的主要原因是技术无效、资源投入产出效率偏低、资源使用效率低。可见，河北省应提高创新资源使用转化率，提升创新技术的创造价值，提升创新成果转化能力。

就河北旅游创新看，主要存在如下问题：

第一，行业主体自主创新能力弱。河北省旅游企业专利技术申报量不足，品牌影响力低，全国知名旅游企业少，"世界眼光、国际标准、中国特色、高点定位"的文旅项目稀缺。在运营中不注重文旅产业知识产权的保护与运营，河北省旅游产业同质化情况较为突出，线路设计雷同，景区景点设计创意抄袭，山寨景区屡见不鲜，非遗旅游开发层次低、收益少，旅游商品特色缺失，造成了资源的浪费，加剧了内耗，影响了综合竞争力的提升。

第二，政府创新资金总额偏低。河北省全省上下高度关注全域旅游发展，每年均会争取国家旅游发展基金和旅游基础设施专项补助资金，用于支持全省旅游业重点项目建设。河北省每年也会制定预算，划拨河北省旅游发展专项基金用于支持各地旅游厕所、旅游公共服务项目、智慧旅游项目、转型升级融合发展及省级旅发大会等急需紧迫项目建设，避免了漫无目标、全面出击的资金使用方式。

以 2019 年为例，河北省旅游发展专项基金总额为 1.96 亿元，其中用于省级旅发大会补助资金 1 亿元、旅游厕所补助资金 4800 万元、转型升级融合发展资金 2700 万元、公共服务体系建设资金 2000 万元、标准化示范工程资金 100 万元。除去省级旅发大会专项资金外，全省 11 个地级市及新乐、定州、雄安新区平均获得专项资金不足 700 万元。

在国家旅游发展基金、旅游基础设施专项补助及省旅游发展专项基金的支持下，促进了旅游公厕、智慧景区、游客中心、应急指挥平台等河北省旅游公共服务体系的构建与完善建设，扶持了重点旅游项目及旅游吸引物的增容提质，为全省及各地旅发大会搭建了宣传招商营销平台。

从各类资金的使用情况来看，河北省专项资金使用优质资产转化率不高，资产保值增值应加以关注；可移动资产的共享与循环使用有待探索；在财政资金相对有限的情况下，应注重发挥财政资金对市场资源的引导性，以形成集聚和辐射扩张作用。首先，应注意市县级财政资金的配套联动作用，整合各级财政资金用于支持重大项目建设；其次，注重引导财政资金受益旅游企业积极投入，提高资金的使用效率。

河北省应加快推进融资筹资方式的创新，探索使用财政支持贷款贴息、奖补资金等方式支持旅游企业开展质押贷款等业务，拓宽旅游发展筹资渠道。大力争取国家及省市创新资金及新兴产业资金，扶持河北省旅游新兴业态发展。

第三，新业态发展不充分，供应不足。中国已进入大众休闲度假时代。旅游业发展已呈现产业现代化、需求品质化、供应全季化、消费大众化的新趋势，旅游业已由传统产业增长模式进入追求健康持续稳定高质量发展的新常态阶段。从需求侧来看，"60后""70后"属于旅游消费的中坚力量，"80后""90后"已成为旅游消费的新生力量，"银发族夕阳红"旅游市场日益增长。

纵观河北的旅游产品供给，还不能与多元、时尚、潮流的旅游消费需求密切呼应对接。旅游新业态发展相对呈现自发、无序、规模小、影响弱的局面。相较于旅游发达省市的无景点旅游、网络互助游、定制旅行、社交旅游等新型旅游方式的繁荣发展，河北省相关业态仅处于发展的起步阶段。

河北省自助游、自驾游、自由行发展迅速，是释放旅游消费能力的新热点，同时也是带动相关产业的引爆点，但出行体验优化、产业供应链匹配程度、服务体系建设及市场规范程度亟待提升。以旅游需求引领新业态发展，调整产品供给，以优质供给拉动旅游消费需求，全面提高旅游供给和服务质量，是推动河北旅游高质量创新发展的基本立足点。

第三章 城市创新旅游发展研究

第一节 石家庄创新旅游发展研究

"十三五"以来，石家庄旅游业发展势头良好，根据2019年石家庄市国民经济和社会发展公报显示，石家庄已于2019年提前实现石家庄市旅游业"十三五"规划发展目标，全年接待超过1亿人次，其中接待国际游客22.9万人次，接待国内游客12275.4万人次。全年旅游总收入超过1000亿元，其中国际旅游收入10535.03万美元，国内旅游收入1471.7亿元。

一、重点旅游片区建设

（一）正定古城

正定是国家级历史文化名城。历史上正定是我国北方政治、经济、文化、军事重镇之一，曾与保定、北京并称"北方三雄镇"。正定现存国家级文物保护单位10处，馆藏文物7600多件。现存隋、唐、五代、宋、金、元、明、清等8个历史阶段古建筑，被誉为"中国古建筑博物馆"，享誉海内外。"世界冠军摇篮""京外名刹之首""红楼文化经典""佛教临济祖庭""三国子龙故里""元曲创生中心"六大旅游品牌已经形成，"自在正定"的旅游形象已深入人心。2020年正定接待游人1047万人次，旅游收入81.38亿元，旅游业已发展成为正定的支柱产业。

1. 古城风貌提升

2017—2019年，正定开展了合计24项古城风貌提升项目，古城天际线和古建筑轮廓线重现，"北方雄镇、千年古郡"历史风貌得以再现。

风貌提升主要包括四方面建设：第一，城墙系统修复保护工作，涉及修复加固南城门系统和南部城墙并建设绕行道路，修建北城门遗址公园，复建了东城门主城及瓮城，恢复护城河；第二，原址复建古城历史标志建筑，涉及复建正定历史地标"镇府巨观"阳和楼，恢复府城隍庙；第三，原有历史文化风貌展示区提升整治项目，项目涉及隆兴寺、荣国府、天宁寺、开元寺、临济寺和广惠寺等古寺、古塔、古院历史片区的生态修复；第四，新建了一批文化景观，涉及正定博物馆及莲池、云居湖、潭园等公园。

2．开展厕所革命

2017年以来，正定卓有成效地开展了厕所革命，完成了包括景区A级公厕、城市公厕、机关单位公厕在内的厕所建设提升工作，实现了游客和居民共享的服务目标，补齐了古城旅游接待和市民生活的短板，极大地改善了正定旅游接待形象，提升了正定旅游接待质量。

景区的公厕建设更是匠心独具，外部设计简洁别致，与景区特色相得益彰；内部设备保障功能完好，整洁干净，空气清新，注重人文关怀。按照5A级景区标准设置第三性别卫生间和老人间、残疾人间、母婴室等方便特殊人群，添设洗手液、绿植花卉、休息座椅、灭蝇器、无线Wi-Fi、自动售货器、免费热水炉等，为游客创造了优美舒适的如厕环境，使旅游公厕不仅只是功能设施，更成为提升旅游体验度的特色场所。

3．打造旅游演艺

正定古城历史悠久，千余年文脉在此赓续传承。正定是中国民间文化艺术之乡。近年来，正定依托地域文化，借势旅游发展，大力挖掘地方文化，推出了一系列旅游演艺项目，展示了正定的地方文化，丰富了游客的旅游体验，提升了"自在正定"的旅游吸引力。

正定推出的旅游演艺项目主要包括民俗风情室外实景演艺、自然山水实景演艺、民间曲艺专业剧场演艺及群众演艺等品类。打造了大型音舞诗画情景剧《正定记忆》，沉浸式实景演出《忆·真定》，实景演出《子龙出关》《林黛玉进荣国府》《千手观音》《帝王礼佛》等众多免费旅游演艺精品。常山剧院、阳和楼大舞台及修建的大观楼，定期或不定期地推出各类演出活动。"游正定、观演出"已成为正定的另一张旅游名片。

4．夜间休闲释放活力

为了提升正定的旅游容量，丰富正定旅游产品供给，增加游客停留时间，扩大游客旅游消费，正定大力发展旅游夜经济，开发了旺泉古街、南关古镇、历史文化街的南城门、阳和楼等夜休闲旅游区。

夜游正定极大地弥补了省会近郊夜休闲供给不足的短板，完善了石家庄旅游产品结构。夜游正定这一文旅新业态一经推出就受到游客的高度认可，距离市区近，交通便利，业态新，烟火气息浓，夜游管理与服务保障能力好，消费者体验度好，重游率高。逛古城、赏夜景、品美食、看演艺、购非遗的夜经济发展带动了正定文化、餐饮、住宿、物流、交通、商品零售等众多行业领域的新发展，成为古城正定刺激旅游消费、拉动经济增长的新引擎。

5．非遗开发文旅融合

截至2020年，正定共有各级非物质文化遗产57项，其中包括民俗、美食、传统民间艺术、民间曲艺等非物质文化遗产。非物质文化遗产是正定深厚历史文化的重要体现，是正定千年文脉和古城意蕴的重要载体。正定常山战鼓与高照均是国家级非物质文化遗产，已经实现了人才培养、技艺传承、技艺展示、品牌推广的产业化发展，非遗产业的形成发展扩大了正定的知名度、美誉度和影响力。

正定通过非遗进景区展演的方式，升级了旅游线路品质，丰富了景区游览体验，激发了游客浓厚游兴，实现了古城文物资源与文化资源的共生共存，提升了游客多元化休闲体验乐趣。

6．营销宣传力道精准

为了推广宣传"自在正定"的旅游品牌，正定利用各种媒体开展了全方位、立体化的系统营销，特别是借助新媒体营销模式极大地推动了"自在正定"旅游品牌的推广与古城正定旅游吸引力的提升，为正定古城旅游发展营造了浓厚的氛围。

正定主动对接中央电视台财经频道、央视新闻频道、央视国际频道、央视网、央视新闻客户端、新华社、光明网、人民网、新华网等各大媒体，采取新闻报道、直播连线、节目制作等方式高强度宣传正定古城，极大地提升了正定的知名度、美誉度与影响力。

为了集聚人气、吸引客流，正定在依托传统媒体的同时，还充分借助新媒体助阵夜古城旅游。正定主动邀请网红大咖制作抖音或旅游短视频作品，通过各种互联网平台发布视角独特的正定短视频、图文推介等，营造出正定宜游、易游、益游、忆游的浓郁氛围，集聚了人气，引导了客流，带动了消费，实现了旅游宣传传统媒体与新媒体的互相呼应、深度融合。

7. 可进入性显著提升

正定着力打造"自在正定"的旅游品牌，为了能够让游客切实感受到自由自在游正定的快意，于 2017 年宣布将正定城区沿街机关事业单位院门全部打开，社会车辆可在院内免费停放，县城内所有社会停车场免费开放，道路两侧马路牙全部抹平，便道两侧均画置停车位，并在核心景区周边设置大型多车位停车场，极大地满足了游客自在游正定的需求。

为了便于游客游览，正定还设置了电瓶游览车，游客可凭任意景点门票免费乘坐。停车场还附设洗手间、自助售货亭、免费开水间、免费 Wi-Fi，极大地方便了游客，给游客留下了方便舒适的第一印象，提升了古城的口碑。

（二）西柏坡

西柏坡是中国五大革命圣地之一、全国著名红色旅游景区、国家 5A 级旅游区、全国风景名胜区。西柏坡是石家庄唯一客流量统计进入全国百强的景区。

作为石家庄核心龙头旅游景区，石家庄围绕西柏坡纪念馆景区的持续稳定发展，设计构建了大西柏坡综合全域旅游示范区，主要包括以西柏坡圣地为核心的红色文化保护区，新建标志性红色文化广场、"平山记忆"一条街，以革命遗址旧址保护和开展爱国主义教育、红色文化体验及干部教育培训为主。以天桂山、沕沕水为核心的生态旅游休闲区，以开展生态旅游、休闲度假为主。以温塘为核心的红色产业发展区，主要发展会议、教育培训、休闲度假等产业。以柏里水乡为核心打造集文创农业、生态观光、文化体验、康体运动、研学教育、养生度假等功能于一体的乡村扶贫旅游示范区。

（三）西南山地休闲旅游片区

以石家庄西部太行山为依托，将鹿泉、井陉、赞皇和元氏四县打造成为石家庄的生态涵养区与城市花园会客厅。四县稀缺的山水生态资源将成为石家庄未来发展的重要核心要素与优势竞争资源。

经过多年的建设，以鹿泉为核心的西部山前区发展成为旅游、现代农业、高等教育、文化产业等多业态集聚的城市综合体。鹿泉区相较于其他山区县，在区位交通方面享有得天独厚的优势，是距省会最近的生态环境高地。

1. 鹿泉区

鹿泉区历史文化厚重，生态资源独具魅力。西部长青、抱犊寨、动物园、植物园、秀水公园、海山公园、十里画廊、龙泉湖湿地、双凤山、太平河、洨河、古运河土门关、奥特莱斯、君乐宝、洛杉奇、食草堂、稻香村等分布于鹿泉山前区。

在太行山下南北约 50 千米的山前带，构建了南区工业游、中区健身康养游、北部景村新农游、城区休闲购物游四大精品片区，培育了山水游、运动康养游、现代农业游、轻工业游、美丽乡村游等十大旅游品牌。

鹿泉区已经形成了"旅游+工业""旅游+农业""旅游+购物""旅游+地产""旅游+非遗""旅游+休闲度假"等全域多业态融合发展格局，2019年，鹿泉被评为中国有影响力的全域旅游示范区。一"鹿"走来，"泉"是风景，已成为石家庄知名区域旅游品牌。

2. 井陉

井陉是石家庄另一重要山区县，"十三五"以来井陉结合自身优势资源及市场需求，升级改造苍岩山、秦皇古驿道、仙台山、锦山等传统景区；优化于家石头村、大梁江村及其他传统村落景观设计,补齐旅游接待基础设施短板;建设开发井陉天路生态风景大道,另辟蹊径展示了井陉良好的生态资源,同时极大地改善了井陉传统村落的可进入性;传统节事活动产业化,井陉以苍岩山大庙会、井陉拉花艺术节、井陉民间艺术节、仙台山红叶节为平台,作好节庆活动与非遗文化有机融合,打造井陉非遗旅游文化品牌。千年古县、美丽井陉已成为井陉旅游发展的主线。

3. 赞皇

赞皇县以全域景观化、景观生态化、生态产业化、产业旅游化为指导,拓展"旅游+"新业态,推动县域经济走高质量发展之路。

一是做好核心旅游吸引物改造提升。石家庄大型山岳类旅游景区稀缺,赞皇嶂石岩是国家级风景名胜区,以其命名的嶂石岩地貌与张家界石英砂岩地貌、丹霞地貌并称中国三大砂岩地貌,资源品位极高。"十三五"以来,赞皇按照国家5A级旅游景区标准对嶂石岩景区进行升级完善。

二是完善智慧景区建设,完善了嶂石岩、棋盘山、天台山等景点的智能导游、电子讲解、在线预订等智慧景区功能,引入5G虚拟旅游。

三是推动文旅、农旅等融合发展,结合大枣文化和唐相文化,建成德裕古镇。依托蜜蜂博物馆和嶂石岩独特的地理地貌,大力发展研学游、自驾游、宿营地、拓展运动等新业态。

四是提升可进入性。优化旅游路网建设,打通断头路,升级拓宽低等级公路,规范路面标线,设置旅游指示标牌,美化旅游公路景观,打造安全、畅通、美观的旅游通道。

五是提升城市品位,完善基础设施,改善城市居住环境。槐河景观带完美呈现,文体中心、丝弦剧院改造提升,龙门大桥、石臼山大桥顺利通车,提升了赞皇县域形象,为县域经济发展增添了特色亮点。

(四)西北红色生态旅游片区

石家庄西北部的平山县与灵寿县是山区大县,两县面积3537平方千米,占据全市土地面积的 26%。

平山县现有 1 座 5A 级景区、10 座 4A 级景区，分布着高山、峡谷、溶洞、森林、湖泊、温泉等各类自然景观 300 多处。灵寿县被誉为石家庄省会后花园，全县森林覆盖率 61.17%，拥有国家 4A 级景区 3 个、大小景区（点）30 余个。平山与灵寿两县区以革命圣地西柏坡为龙头，以驼梁、五岳寨、天桂山、沕沕水、温塘、漫山花溪谷、水泉溪、藤龙山、滹沱河湿地、横山湖、七女山、磨子坨景区、三梦山、太行沙家浜景区等生态景区为主体构成了以建设全国知名旅游目的地为发展目标的西北红色生态旅游片区。

灵寿县有着深厚的文化历史渊源，旅游资源十分丰富，既有中山国遗址、北齐幽居寺、宋曹彬故里碑等人文景观，又有五岳寨国家森林公园、水泉溪、漫山花溪谷等自然景观。旅发大会的召开，进一步推动了灵寿的生态文明建设，优化了灵寿的城乡居住环境，引领灵寿区域经济转型发展。

灵寿作为石家庄市的休闲后花园，历史悠久，人文璀璨，被联合国地名专家组认定为"中国地名文化遗产——千年古县"。灵寿既有自然环境造就的天成之美，又有五千年历史文化厚植的人文之韵。舒适宜人的气候条件、丰富珍贵的文化遗存、代代辈出的历史名人、生动多彩的民俗民风等各种元素相互交融，使得灵寿文化旅游业魅力独具、优势明显。

在全域旅游大背景下，花溪谷、松滹湾、大观园、中山国遗址公园等景区景点运营状况较好，但三梦山、水泉溪、秋山等一些老旧景区受管理、市场、资金、人才等多方面因素影响，长期处于不温不火的状态，与其他景区如火如荼的场面形成了巨大反差。如何提升老景区的发展活力，使之与全域旅游发展要求相适应是当前亟须解决的一个突出问题。

二、石家庄创新旅游发展的主要问题

（一）龙头景区带动效应偏弱

石家庄全国知名度最高的景区当属革命圣地西柏坡。西柏坡属于红色旅游景区，主要客源为党政机关、企事业单位的党员群众，客源群体较为特殊，游客接待以团队接待为主，客源覆盖全国。

与国内其他知名5A级景区相比，西柏坡客源类型构成相对单一，旅游消费以公费消费为主。游客前往西柏坡更多是以参观学习、接受红色文化熏陶为主要目的。游客以半日或一日游为主，停留时间短，消费有限。

由于周边缺乏与西柏坡一样全国知名的旅游景区，故无法设计串接成熟的、适合普通观光客且以接待散客为主要客源群体的中长线旅游线路。很多客源地将西柏坡与保定的白洋淀、冉庄地道战甚至是邻近的山西五台山、平遥古城作线路串接，可见西柏坡对石家庄旅游带动效应不足。

（二）旅游公共服务体系建设不足

1. 便捷化的旅游交通服务体系尚未建立

旅游公共交通网有效供给不足，运营效率低下，发展不均衡，信息化水平低，外部保障政策不足，制约了石家庄旅游可进入性的改善提升。便捷的交通体系是发展旅游的先决条件。石家庄旅游公共交通线路建设短板突出，目前的旅游公共交通服务不能适应旅游客源散客化、出行目的地选择自由化、时间成本最优化、出行方式自驾式的发展趋势。主要表现为连接各主要旅游景区景点的公共交通运量投入不足，淡旺季运量供应调整滞后，交通工具舒适度欠佳，公共交通线路运营以私营为主，服务保障能力弱。

多数老景区与新建景区可进入性较差，交通方式选择性差，换乘不便，游客通行时间成本偏高，极大地影响了游客对旅游目的地的评价，对吸引游客流形成了瓶颈。

景区交通与外部交通的通联性不足，景区未能与航空、高铁、高速公路、旅游公路、景观大道、自驾服务系统等建立有效连接，游客进入体验舒适度不佳，旅游时间比无竞争优势。

2. 旅游咨询服务便捷化程度有待提升

石家庄旅游集散中心设置于火车站、机场及城市中心区域，主要存在数量不足、选址覆盖度较低、运转效率低，闲置情况突出等问题。公共旅游咨询投诉平台设备长期闲置，一直未能投入使用，造成城市旅游公共服务的明显缺失。

石家庄现有公共旅游宣传网络平台只具有基本的信息发布功能，智慧服务功能亟待完善。后续应依托大数据、云计算、物联网等科技手段建成服务外地游客及本地消费者的集石家庄食、住、行、游、购、娱等旅游资源信息发布，旅游服务在线咨询、预订、购买、导航及自助导览、网上投诉、网上评价、网上统计、网上监管等功能和动态资讯发布、动态更新、服务共享的基于满足游客一站式智慧旅游服务和个性化旅游需求的智慧旅游本地服务平台。

3. 智慧云平台建设滞后

石家庄旅游行政监管信息收集与发布渠道较为传统，工作效率相较偏低。主要原因是现代化监管理念有待更新，依托云计算等先进技术的智慧旅游云平台管理模式亟待引进。

智慧旅游云平台应覆盖酒店、旅行社、景区、旅游安全、旅游气象、旅游保险、旅游交通、旅游购物、旅游演艺、旅游监管云等各种专业组云，将从云平台获取的行业信息及时进行整合分析及信息共享，以为行业监管及满足游客个性化旅游需求提供高效信息。

4. 旅游引导标识有效化建设需进一步加强

石家庄目前的旅游引导标识系统建设相较于"十三五"初期已有长足进步，在主要景区周边及主要的交通干道均配备有相对完善的旅游引导标识。但在全域旅游发展背景下，游客标识引导需求已由传统的封闭景区及周边相对有限空间拓展至城区、乡村及其他适游区域。石家庄现有的旅游标识系统的空间覆盖率、规范化、标准化程度已经不能满足游客的个性化需求。

5. 旅游公厕体验性建设需进一步提升

石家庄正定古城旅游公厕建设属于全国标杆，数量分布、功能配备、外观设计、附加服务等均走在全国前列。

从石家庄整体情况看，各景区及游客消费集聚区域的公厕设置情况主要存在有效供应数量不足、男女厕位设置不合理、外部设计缺乏旅游特色、建筑档次低、内部设备简陋、旅游公厕维保差、正常使用率低、保洁不及时、如厕环境差评率高等问题。即便是石家庄唯一的5A级景区西柏坡，也经常因为厕所管理不到位而受到游客的质疑与投诉。

（三）交通枢纽优势未能有效挖掘

石家庄已经构建了集高速公路、高速铁路、国际机场于一体的立体交通网络。按照2020年发布的"全国综合立体交通网布局"看，石家庄的总数量排名超过了郑州，充分说明石家庄属于全国重要的高速铁路交通枢纽。石家庄已经实现了与京、津、晋、鲁、豫的高速铁路一小时互通，而且石家庄站是京广线上少数几个高铁站与城铁站建在一起的火车站，给乘客乘高铁出行或抵达提供了极大的便利。

石家庄火车站与石家庄正定国际机场高铁开行数量多且时刻点好。正定国际机场执行的航线数量多，飞行时刻点好，票价相较天津滨海国际机场、首都国际机场、大兴国际机场等更具竞争优势，天津、北京前往石家庄的高铁数量多，通行时间短，京津客源开发潜力大。

但是从目前情况来看，无论高速铁路一小时交通圈还是京津便利的高铁转机场，都未能给石家庄带来理想的客流，石家庄综合交通枢纽优势并未得到显著体现，京津冀旅游交通枢纽集散地建设任重道远。

（四）传统景区改进提升乏力

目前石家庄景区还是以传统的4A级景区为主，当前这些老景区多数还是封闭运行，以内循环为主，甚至还与所在地存在这样或那样的矛盾。虽经过多轮次旅发大会的提升机遇，部分景区在硬件建设上有了一定程度的改进，景区环境得到了提升，但是传统景区提升改造仍出现了一些不良倾向或风险因素亟待关注。

第一，景区扩容。部分景区以景区扩容为突破口，试图通过扩大景区规模增加对客吸引力，但是在景区游览体验项目或者说是吸引力建设方面并未注入新的内涵，也并未有新的产品形态。景区扩容的突出问题是景区大门、景区停车场修建得离核心景区越来越远，游客进入成本日益增长，或者是引进所谓的小吃街、游乐场等老套路扩容，这些急功近利、近乎粗暴式的扩容恰恰稀释了景区对游客的吸引力。

那些真正对扩容有实际吸引力的探险、寻幽、漫游、生态、步行、登山、滑翔、日行、夜游等具有新业态性质的扩容项目并未成为石家庄老景区的扩容提升选项。

第二，景区交通。当前石家庄主要景区内部交通仅是代步工具，未能作为旅游吸引要素或者说是未能作为可以带来独特旅游体验的产品进行打造。以现有的索道运营情况看，索道设备陈旧，技术更新缓慢，体验舒适度差，不能给游客带来交通之外的其他更好的体验。另外还有一个突出的问题是石家庄各大山岳类景区争相重复建设各类玻璃栈道、玻璃滑道，一方面游客体验雷同，另一方面安全风险隐患大，这种交通游览体验的增加对景区交通体验提升更像是毒药，是不可持续的。

第三，旅游演艺。石家庄部分景区增加了旅游演艺，丰富了旅游体验项目。但石家庄主要景区现有的演艺项目存在一些应予关注的问题，表现比较突出的问题是虽都号称原创，但是无论创意还是表现手法都基本雷同，区别只是设备、场景呈现等方面程度上的差别，仅此而已。另一个突出问题是所谓的原创没有深入挖掘景区文化资源，呈现的作品与景区没有渊源，创意基础本是无本之木，所谓的原创更多程度上属于拼凑尴尬。此外，石家庄的景区演艺理念层次比较落后，迎合城市白领和休闲青年生活观的"情景化生活"浸润性的高级情景体验设计基本还是空白状态。

（五）新建景区盈利难度大

"十三五"以来，石家庄郊县陆续建立了一些新景区，丰富了石家庄城郊旅游产品供应。新景区的出现体现了投资者对石家庄旅游发展充满信心，反映了石家庄旅游业发展的良好趋势，但是目前来看，新建景区盈利难度较大。

从现有数据来看，石家庄新建景区以民营资本投资为主，景区开发初期基础设施建设投资巨大，折旧与财务费用高。从新建景区资源禀赋看，资源品位一般，知名度低，市场运营成本高。客源以周边两小时车程以内的近途游客为主，景区内另行付费项目偏多，游客重游率低。因新建景区多为自然生态主题类景区，故景区淡旺季客流明显不均，防火封山期间景区暂停营业，因此新建景区盈利情况整体不佳。

从景区建设水平来看，业主投资随意性较大，缺乏或无视建设规划。部分景区因投资能力所限无视发展规划，或前期邀请的规划团队专业水平不高，规划项目理念落后，缺乏可行性，景区没有特色与亮点。抑或是景区项目设置过度热衷于类似玻璃栈道、滑道、网红桥之类的网红产品，造成了重复建设、资源浪费与恶性的价格竞争。

从景区建设周期来看，部分投资者对景区运营不熟悉，将景区投资视为房地产项目。房地产项目建设周期短，五年左右为一周期，资金回收快，地产售罄即可离场。但是景区建设投资周期相较偏长，个别景区所在地政府换届，景区建设初期一些审批建设流程不规范的问题导致了景区建设项目搁浅，甚至直接导致景区投资失败。

从新建景区建设运营情况来看，部分新建景区建设资金不足，民间借贷成为主要的融资渠道，融资风险频现，景区负债率偏高，债务到期不能清偿，债务危机严峻。部分景区股权结构混乱，出资账目往来不清，股权转移复杂，景区管理权、经营权、所有权混乱，给景区正常化经营埋下诸多隐患。

从新建景区运营队伍看，石家庄旅游景区缺乏专业化的运营团队，善营销、懂经营、会管理的高素质、高层次、开拓创新型专业人才匮乏。运营人才的短板导致新开发景区资源同质雷同，景区运营没有相应的差异化定位与策划，因此不同景区给游客的感受是千人一面。因缺乏专业的营销人才导致景区销售模式、渠道建设等手段传统，营销理念落后，促销手段以低端的价格竞争为主，客源市场细分不准确，营销成本投入大，过度追求短期经济效益，收效不理想。

（六）旅游新业态发展层次偏低

石家庄旅游产品供应结构中不仅包括传统的观光、休闲、娱乐等业态，而且度假休闲、旅游购物、康体养生、低空飞行、自驾营地、房车营地、精品民宿、主题度假古镇、旅游综合体、户外拓展、室内动物园、都市农业旅游、都市工业旅游、沉浸式旅游、夜间旅游、商街夜市、虚拟旅游、研学旅游、冰雪温泉等新业态也已得到长足发展。

但是从新业态发展的层次看，石家庄现有旅游新业态发展规模小，对旅游经济发展贡献相对有限，新业态产品文化内涵挖掘不够，科技含量亟待提升，绿色生态元素显现不足，民俗基因传承未能产生影响力，潮流、有趣、时尚、多元的业态结构和发展趋势还未形成。石家庄还未能培育出具有一定文化 IP、市场认知度高、客流量大的新业态龙头项目。

（七）旅游产业整体竞争力不足

石家庄旅游产业竞争力不强。旅游产品整体竞争力弱，5A 级景区数量少，没有全国知名的精品型成熟的地接旅游线路。历史文化内涵挖掘不够，创新创意不足，旅游形象定位缺乏共识，旅游形象设计不具影响力。旅游产业融合程度低，对其他产业辐射带动力较弱，发展质量效益有待提高。

在以旅游人数、旅游收入、旅游业比重、交通便利程度和旅游基础设施等五个维度为评价依据而选出的全国旅游城市 50 强榜单中，石家庄 2017 年全国排名第 36 位，2018 年全国排名第 39 位，2019 年全国排名第 42 位，2020 年未能入选全国 50 强。由此可见，石家庄旅游竞争力增长缓慢，不断被其他城市超越。

再从石家庄其他指标数据看，以 2020 年数据为例，全国百强景区无一入选，全国百强旅行社仅有河北康旅集团一家，中国县域旅游综合竞争力百强县只有平山入选，全国省会城市旅游收入排行榜位置靠后。从城市旅游整体竞争力看，旅游资源指数、旅游产业发展指数、旅游基础设施指数、旅游国内知名度指数、游客向往度指数均处于较低水平。

综上，石家庄旅游产业整体竞争力距离高质量发展要求相距较远，且在一定程度上制约了省会经济跨越式发展，石家庄文旅产业转型提质发展增效任务任重道远。

（八）文旅科研对产业发展贡献度低

石家庄市文旅科研基础较为薄弱，文旅科研体系尚未形成，主要表现为市级旅游智库初步成立，尚未形成影响力。本土旅游行政主管部门或旅游市场主体在制定相关决策时本土科研机构参与水平低，影响力偏弱。石家庄市也未设立市级旅游科研机构，本市旅游发展中亟须关注和解决的问题未能以科研课题发布的形式进行攻关。石家庄市高校和科研机构至今仍未认定与建设市级文化和旅游科研中心或科研平台等旅游科技创新驱动载体。

（九）旅游产业标志性旅游建设成果少

石家庄是全国文明城市、中国优秀旅游城市、全国性商贸会展中心城市之一，是中国国际数字经济博览会永久举办地，2019年被评为中国十大夜经济影响力城市，多次入选全国最受欢迎热门旅游城市五十强排行榜。

但是石家庄在旅游发展建设中标志性的金字招牌及城市名片相较于全国其他省会偏少，全域旅游示范市、智慧旅游城市、最佳旅游目的地、最佳网络口碑旅游目的地、文旅融合旅游示范城、中国最佳红色文化体验旅游城市等应是未来石家庄旅游业发展努力的方向。

三、石家庄创新旅游发展对策

（一）以科技为手段推进核心景区提质扩容

根据石家庄目前旅游资源市场形象推广情况看，正定古城、嶂石岩、五岳寨-驼梁三个旅游目的地资源品位高、景区容量大、市场知名度相对较高，提质扩容基础好。

从全季旅游、景区建设及整体接待条件角度看，石家庄应该以正定古城作为突破口，以大数据、物联网、云计算等为依托，全力以赴对标5A级景区评定标准推进创建，精准"自在正定"品牌定位，整体推进古城风貌提升与景区建设。古城核心区域应按照全域旅游目的地评定标准持续健全古城旅游基础设施，大力推进标准化与规范化建设，突出古城文化资源优势。景区功能设置要有特色、有品位，促进旅游业与其他产业融合发展，持续优化古城发展环境，努力将正定古城打造成展示石家庄历史、文化、民俗、商贸的国家级历史文化名城旅游示范区。

通过正定古城创5A，打造石家庄旅游产业发展新核心，将石家庄原有西柏坡一核带动发展为双核驱动，早日带动石家庄发展成为全国知名历史文化型旅游目的地。

（二）以新技术提升旅游公共服务建设水平

1. 优化旅游交通环境

石家庄应以创建旅游交通示范区为建设目标，根据交通大数据及景区游客接待量对旅游交通运输系统进行适应性供给调整，加快路网建设。着手加快断头路、断点路联通建设，提升等级较低公路建设等级，改造拓宽通往主要旅游景区的主干道，提升道路的通行能力，优化旅游交通环境，为实现快旅慢游的全域旅游发展目标奠定基础。

把发展旅游公共交通作为优先发展公共交通的重要组成部分，利用公共交通将市内外各大商圈景点进行有效串联，构建文旅融合的石家庄公交旅游黄金交通线、黄金旅游观光环线。

引导各主要旅游景区，尤其是西柏坡、古城正定、平山、鹿泉等地，全力作好旅游交通提升规划，全力排查和疏解交通堵点，打通旅游交通"最后一公里"。围绕核心景区作好交通信号智能化建设，让智慧交通成为石家庄旅游发展的助推器。

规范旅游交通执法，杜绝以罚为主的落后管理方法，让对游客友好的、有温度的旅游交通执法成为提升石家庄旅游吸引力的亮点。严查各类危害旅游交通安全、影响游客进入评价的违法违规行为，净化旅游交通环境。

为应对旅游旺季停车困难的问题，各景区应妥善筹划，采取新建、改建或临时启用等方式挖掘停车潜力，提升停车服务智能化水平，全力破解停车难题。

2. 优化旅游公共信息服务

石家庄应依托国家智慧旅游 12301.cn 公共服务平台，建成集旅游公共信息服务、旅游市场秩序整治、旅游投诉、旅游评价、旅游安全保障、旅游企业监管、文明旅游倡导、旅游合作与交流、全国游客不文明行为记录、旅游企业诚信记录、旅游目的地警示等于一体的石家庄旅游服务门户平台。

旅游公共信息中应涉及主要景区、主要商圈、特色餐饮店、旅游纪念品、旅游演艺等一站式信息发布服务。便民服务应设置旅游导航、景区导览、航班时刻、列车时刻、旅游气象、出游提示等相关查询。

石家庄应在旅游旺季于西柏坡、正定古城、赵州桥、鹿泉、平山等游客集中区域及车站、机场、酒店、旅行社等地设立统一服务标准的旅游咨询站点及志愿者服务。旅游咨询中心主要为游客提供咨询宣传、投诉接待、导游讲解、线路推荐、应急援助、门票预订等服务，为旅游市场提供服务引导。

3. 完善旅游引导标识配置

石家庄各大旅游景区、商圈、特色街道、交通干道、车站、机场、高速公路出入口等应按全域旅游示范区要求，将具有石家庄文化特色的导游全景图、警示关怀牌、景物（景点）介绍牌、道路导向指示牌、服务设施名称标识等按照标准配置齐全。及时将破旧、掉色、不清、损坏的旅游标识进行更换。同时应在 4A 级以上景区全面覆盖智慧旅游导览服务，以提升景区引导服务的便利化程度。

（三）打通最后一公里出游瓶颈

石家庄应在大数据、云计算的基础上着力解决外地游客抵石后从交通枢纽站如何便捷地前往各主要旅游景区的问题。石家庄周边鹿泉、平山、赞皇、赵县的主要景区离市区较远，目前自由行游客到达石家庄后前往上述区域景区的时间比大交通的时间还长，且换乘极不方便。因此，石家庄各大景区、旅游集散中心、智慧旅游 12301 平台、旅游信息咨询点、长途汽车站、出租车、共享公交、顺风车、旅游公交等应整合客源信息，与城市管理、交通管理等部门合作，尽快构建游客即来即走的便捷化的交通枢纽与旅游景区无缝链接式省时、省力、价廉的旅游公交体系。

在细节设计方面，应对国际机场、高铁站、高速公路下客区、公交枢纽、景区等客运车辆停靠区进行进一步的优化调整及升级改造，完善公交车、出租车识别标识；增设醒目的乘车导向标识。旅游旺季、黄金周应组织志愿者前往各交通枢纽，为游客提供交通换乘咨询服务。将客人等候区纳入智慧管理平台，设立可视化客运车辆到站提醒；增加周边游客资讯中心、旅游公厕提示，及时发布天气预报、空气质量、景区拥挤度、出行投诉电话、旅游咨询电话等实时显示信息，为游客提供便捷化服务。

深入挖掘正定国际机场运力，与携程、去哪儿等网站合作，推出北京、天津到石家庄正定国际机场高铁+机票+酒店类旅游交通产品，提升石家庄正定国际机场对京津等地的客源辐射能力。

（四）引导传统景区加速转型升级

石家庄主要旅游吸引物以传统景区为主。在全域旅游发展的大背景之下，客源结构、游客需求、市场态势都发生了前所未有的变化。最为显著的变化是多元化、个性化旅游需求日益增加，私人及公务商务旅行比重逐年扩大。观光旅游、休闲度假、商务旅行、研学游、康养健身游、红色旅游、亲子游、低空旅游、自驾游等不同的客群有不同的旅游需求及不同的偏好。

石家庄传统景区转型升级提升市场吸引力及拓展客源，应在需求分析、景区定位、产品设计、服务保障、品牌推广、景区运营等方面实现全方位的变革升级。

石家庄西部太行山区景区资源特色雷同，同质化明显，应在同质类旅游资源中深入挖掘资源禀赋，探究景区特色，准确把握景区资源优势，结合目标市场进行差异化市场定位，不贪大求全，努力构建景区在适当范围内的影响力和竞争力。

现有景区升级改造应从以下几方面着手：第一，提升应有可行的规划作指导，建筑技术应多借助科技手段，建筑材料应尽量使用生态环保材料；第二，策划挖掘景区 IP，推进景区文创产品设计，提升景区价值，优化景区体验度，扩充景区吸引力；第三，服务前置化，提升景区智慧化建设水平，借助互联网，添置移动智能应用 App，提供智能导览、智能预定、智能全景 VR 及 AR 展示等信息服务，丰富景区服务项目，提升景区智能化建设水平，为游客营造良好的旅游体验；第四，加大景区与 OTA 合作力度，将景区营销视为全域旅游营销的一部分，让景区设计成为 OTA 平台重要的引流端口；第五，作好景区扩容、景区交通、景区演艺、景区业态的升级，推动景区尽快完成升级迭代；第六，挖掘新的盈利点，把降低景区门票价格，增加特色旅游住宿、旅游购物、旅游餐饮、旅游文创等作为谋划盈利扩容的空间，构建游客对景区的认同感，促进重游率的提升，催化消费能力的转化。

（五）提升旅游新业态发展层级

立足石家庄实际情况，依据石家庄特色资源优势及市场需求变化，应以低空飞行装备制造、红色旅游党性教育、康养度假、古城文化休闲、研学旅游为突破口，带动石家庄旅游新业态繁荣发展。

依托中航工业集团通用飞机北方基地，建设中国通用航空产业基地。打造低空飞行产业链条，创立国产低空飞行旅游装备品牌。建立集通用飞机制造、通用飞行培训、通用航空维修、保障、支援、租赁、销售、展示为一体的通用飞行产业服务体系。建设国内通用航空产业发展制高点、低空旅游新高地，进而带动提升石家庄的制造业水平。培育以空中休闲、娱乐、度假、摄影为主的低空旅游产品体系，完善低空接待、酒店、服务保障等地面服务，拓展低空旅游产业链条。

石家庄应深入挖掘革命圣地西柏坡的红色资源价值，做好石家庄红色旅游资源统筹保护与开发工作，依托西柏坡、塔元庄、华北军区烈士陵园等全国闻名的旅游资源，石家庄良好的旅游接待配套设施，省委党校及驻石高校的雄厚师资，邻近北京、天津和红培师资权威等优势大力开展红色教育党性培训、红色研学和红色体验等培训活动。

以"全国红色旅游优选地""京津冀红色培训第一品牌"为建设目标，将石家庄西柏坡打造成全国著名的红培基地。以开展红色培训为契机，打造有竞争力的红色培训品牌，创新红色旅游产品开发，大力实施"红培+"，推动产业融合发展，壮大红色培训经济。

为了确保石家庄红培产业的健康有序、高质量发展，石家庄应关注当前红培出现的培训机构资质不全、从业人员素质参差不齐、培训质量差强人意、行业标准空白及监管缺位等问题。应借鉴井冈山、延安等地红培经验，从市场准入、考核评价等方面作好红培监管与引导，促进红培产业健康发展。

（六）完善旅游智库建设

石家庄市于 2019 年成立了旅游智库，该智库学会由旅游行业专家、企业家组成，但是该智库成立以来运营机制尚未形成，智库作用未能有效发挥。下一步石家庄应从以下几方面入手：第一，吸收本地专家学者及企业家加入旅游智库，以便更好地发挥本地智库对石家庄情况熟悉、沟通便利、效率高的优势；第二，定期召开智库论坛，为石家庄如何实现旅游产业高质量发展、如何融入强省会战略、如何推进文旅融合发展、如何提升旅游智慧建设、重大旅游政策制定、重点旅游项目论证、旅游品牌塑造与推广、旅游产业诊断等建言献策；第三，邀请智库专家承担市局处室产业培训任务，通过送教到基层的形式促进本地旅游行业的发展；第四，依托驻省会高校和科研机构，设立专项研究中心，打造科研团队，引领石家庄本土科研平台服务行业发展能力的提升；第五，每年定期发布石家庄市文化广电和旅游局应用研究型课题，以调研报告、对策建议、咨询报告等成果形式为石家庄市旅游业发展提供思路、举措、智力支撑。

（七）形成一批高质量建设成果

石家庄应以推动高质量旅游发展为目标，确立高质量发展基础建设项目及重点建设项目清单，推动旅游强省会战略的落地实施。

首先是抓好石家庄智慧旅游平台建设。抓紧筹划"一轴、两点、五片区"VR 展示系统建设，联合移动或联通建设石家庄旅游大数据分析中心，旅游政务网与旅游资讯网升级换代，推出国际庄旅游微信营销平台，建成文旅行业培训服务综合平台，开发并运行石家庄旅游产业运行监测调度系统、旅游综合监管系统等软件。

其次是积极参评争取各类城市旅游奖项，特别是最具人气旅游目的地、优质旅游目的地、旅游休闲示范城市、全域旅游优秀城市等金字招牌，为石家庄旅游发展营造良好的品牌效应。

最后是创新营销模式，以"微营销"激活新建景区人气。石家庄新建景区多为城市周边游憩类旅游综合体，此类综合体一般距城市两小时左右车程。提升该类景区人气的重要方式是积极开展"微旅游"目的地营销设计。紧抓新媒体传播渠道，运用微信、短视频、微博、网络直播、抖音、小红书等平台进行更有力度、更有针对性的高频、快速、高效的"微营销"。研究不同媒体的特点，在运营有效时段高频度更新内容设计新颖独特的旅游信息。信息设计内容上应强调娱乐性与休闲属性，形式上要多样化、直观化，以裂变式传播实现高效传播效果。

第二节　保定创新旅游发展研究

保定市是河北省人口大市，历史厚重，旅游资源丰富，是河北中南部地区重要的中心城市，也是京津冀协同发展国家战略的重要节点城市。保定是国家级历史文化名城、中国优秀旅游城市、省级全域旅游示范创建单位。保定是河北省唯一的国家级旅游业改革创新先行区，我国首个创新驱动发展示范市。2020年，保定游客接待量达到1.5亿人次，旅游总收入突破2000亿元，位居河北省前列。

一、保定旅游发展现状

（一）总体布局

保定按照智慧化、国际化、生态化、品牌化、标准化发展战略，已经基本形成"一城六区两带"旅游发展的总体格局。

"一城"是指保定以打造成为国际级旅游目的地城市为发展目标。"六区"是指以涞水、涞源、易县为主体构建的"涞易涞京西百渡休闲度假区",以高碑店、定兴、白沟为主体构建的"京南新城特色旅游体验区",以阜平、白洋淀、易县、清苑为主体构建的"生态康养红色文化体验区",以满城、顺平、竞秀为主体构建的"保定国际田园休闲区",以白石山、白洋淀为主体构建的"中医温泉康养体验度假区",以大茂山为核心构建的"古北岳文化生态休闲区"。"两带"是指以建设成为"国际生态文化旅游目的地"及"京津冀生态旅游协同发展示范区"为目标的拒马河生态文化旅游带,以及以发展新信息技术、文化创意、大健康为核心产业,以打造一流的产业创新中心为发展目标的京保石产业融合创新休闲带。

(二)景区、星级酒店与国家品牌建设

1. 景区建设

截至 2020 年,保定共有 A 级景区 46 家,全省排名第 4 位,其中 5A 级景区 3 家、4A 级景区 14 家、3A 级景区 21 家、2A 级景区 8 家。保定 5A 级景区数量位居全省首位,占全省总量的 27%。

保定 5A 级景区类型主要以大体量的山岳自然风光为主,文化类 5A 级景区创建力度较弱。4A 级景区主要包括历史文化、工业旅游、红色旅游、太行山水类景区。保定现有 4A 级景区主要是 2018 年之前创建完成的,景区知名度较为有限,线路融合程度较弱。保定近年来新建景区中 4A 级景区只有两家,说明保定 4A 级以上精品景区建设较为缓慢,市场推广效果不够理想。3A 级景区中 2018 年之前创建的景区无一晋升为 4A 级景区,说明老景区提质建设乏力。2018 年后新创建景区 7 家,主要位于安国、顺平两地,反映出旅发大会对保定旅游发展具有产业带动作用。

2. 星级酒店

保定现有星级酒店 34 家,其中五星级酒店 4 家、四星级酒店 11 家、三星级酒店 19 家。保定星级酒店数量位居全省前列,主要以内资品牌为主,缺乏

国际品牌。现有星级酒店以商务经营为主,休闲度假类酒店至今空缺。高端精品景区周边五星级、四星级酒店数量不足,不能满足高端休闲度假游客需求。

3. 国家品牌

保定是首批国家旅游业改革创新先行区创建单位。保定旅游业发展位居河北省前列,取得了众多国字号品牌建设成果。保定现已建成易县、阜平县、涞源县、涞水县四个国家全域旅游示范区。阜平被列入国家旅游扶贫试验区。保定市野三坡景区被列入国家生态旅游示范区(全国110家,我省2家)名录。安国被评选为国家首批中医药健康旅游示范区创建单位。安国市金木国际产业园被评为国家首批中医药健康旅游示范基地创建单位。

上述国家品牌为保定全域旅游高质量发展搭建了新平台。

(三)核心产品塑造

2016年以来,保定市通过举办省市旅游发展大会,相继建成了一批具有市场号召力及一定品牌影响力的核心旅游产品。

1. 借势旅发大会,打造旅游新业态

2016年河北省第一届旅发大会在保定举办,保定推出了以涞易涞三个全域旅游示范区县为主体的国际旅游度假区,最引人注目的是风景大道和"京西百渡国际山地休闲度假区"。该度假区处于京津一小时交通圈,拥有京津两地的高端客源消费群体。

保定高碑店、定兴以及白沟一直属于保定旅游发展的洼地,旅游发展基础极为薄弱。2017年,首届保定市旅发大会在以上三处旅游资源洼地推出了以世界门窗小镇、休闲食品小镇、和道国际创意小镇等工业旅游新业态产品和116千米的风景廊道为代表的"京南新城特色旅游体验区",由此,"沟高兴"的旅游产业从无到有,旅游洼地借势隆起。

2018年9月,满城、顺平与竞秀承办第二届保定市旅发大会,集中呈现了保定近年来建设的一批以"新休闲、微度假、慢生活"为主题的高品质休闲度假项目,即"国际都市田园休闲区",主要包括神湖四季温泉小镇、大激店音乐文化小镇、杏塘沟旅游度假区、享水溪旅游度假区、柿子沟旅游区、满城汉墓景区、高士生态水镇、半农山新人民公社等一批高品质休闲度假项目。

这些新业态的打造标志着保定旅游已从传统的景区旅游向休闲度假旅游、全域旅游、优质旅游发展模式的快速全面转变。

2. 以精品旅游线路撬动中远途客源市场

河北省是红色旅游资源大省，保定是红色旅游资源富集区。保定红色旅游资源多，类型丰富，特别是高品位红色资源全国闻名。保定是红色热土，白洋淀雁翎队、冉庄地道战、狼牙山五壮士、阜平城南庄晋察冀司令部旧址、阜平骆驼湾等都是全国著名的红色旅游景区，同时这些红色景区借助《地道战》《狼牙山五壮士》《小兵张嘎》《野火春风斗古城》等老电影而被广泛知晓。

依托这些高品位的红色旅游资源开发的"跟着老电影去旅行"精品线路是一条国内独有、带有保定印记的红色旅游线路。这条线路已经成为河北省重要的代表性旅游线路，同时也是河北省最具吸引力的旅游线路之一，每年为河北省吸引了众多的中远途客源及辐射全国的客源，为河北旅游市场的拓展宣传发挥着重要的引流作用。

3. 以5A级景区建设带动全市旅游高质量发展

保定市拥有野三坡、白石山、清西陵三座5A级景区，是河北省5A级景区最多的地级市，是河北省精品景区的集聚高地。

近年来，保定市围绕建成"中国精品景区标杆"目标对野三坡景区进行升级改造，围绕建成"中国名山"目标对白石山景区进行全面包装打造，围绕建成"世界文化遗产标杆"目标对清西陵进行国际性保护与宣传，围绕建成"中国英雄山"目标对易县狼牙山景区进行5A级景区创建工作。

保定5A级景区的创建与发展，极大地促进了保定旅游精品化高质量发展，有力地带动了保定旅游形象的塑造、旅游公共服务的完善、旅游人才的集聚、智慧旅游城市的创建，卓有成效地推动了保定"旅游+研学""旅游+交通""旅游+农业""旅游+工业""旅游+康养""旅游+党建""旅游+扶贫""旅游+非遗"等"旅游+"融合发展战略的实施。

（四）旅游公共服务体系建设

1. 旅游公厕

根据全域旅游示范区建设要求，近年来，保定市将"厕所革命"作为旅游发展环境建设的基础工程加大投入，取得了明显的进步。自2015年以来，列入国家和省重点建设任务的旅游厕所均已完成建设改造提升任务，所有旅游公厕均达到A级以上标准，所有4A级以上景区及部分3A级景区配备了第三卫生间，基本实现了数量充足、干净无味、免费开放、管理到位的旅游公厕建设目标。

2. 游客中心

保定市在"十三五"期间已基本构建了"中心城区—旅游村镇—旅游景区（点）—服务驿站"四级旅游咨询集散服务体系，基本实现了覆盖全、以人为本、无障碍化服务旅游咨询服务体系的建设目标。

目前保定正在全力实施集形象宣传、咨询服务、集散导览、文化体验等功能要素于一体的一站式游客集散中心和游客服务中心的标准化及示范性建设。

3. 旅游交通

按照全域旅游示范区建设要求，保定实施推动全市高速公路、国道、省道及城市主干道的升级改造。保定主要景区的交通便利程度已得到显著提升，保定旅游的可进入性明显改善，旅游时间比进一步优化。

三座5A级景区已全部与高速公路联通，4A级景区均已和国道、省道相连。保阜高速、涞曲高速、太行山高速保定段已建成通车，环保定城区的外二环已经将保定市外围主要景点串联起来，保定旅游交通廊道的形成极大地缓解了市区的交通压力。

4. 智慧旅游

以"一机游保定"App和保定旅游大数据平台投入使用为标志，保定智慧旅游建设稳步发展。保定的旅游信息化体系建设主要包括基础网络、智慧旅游数据中心、交易服务营销平台、应用终端等，通过资源整合、信息共享、渠道合作等手段为保定旅游提供智慧营销、智慧服务、智慧管理及智慧体验。

"一机游保定"App集合保定景区、餐饮、酒店、购物、娱乐、旅行社等千余家商旅企业的基础数据，游客通过手机就可享受旅游信息查询及旅游预订等"一站式"智慧旅游服务。

"保定旅游大数据平台"与"国家智慧旅游公共服务平台"对接，可为文旅管理部门和文旅企业提供全域文旅资源数据、产业运行数据、景区实时监控视频等信息。该数据平台可获取保定各景区游客评价、景区内及周边交通状况和实时投诉信息等资讯。旅游大数据平台的使用提升了保定文旅产业的智慧服务水平、数字决策能力和智慧化监管能力。

5. 房车营地

保定周边，特别是北京附近建有成熟的房车营地供应体系，自驾旅游服务体系建设较为成熟。当前保定的房车营地建设还处于起步阶段，主要分布于涞源、阜平、易县等地。涞源白石山国际房车营地建设最具特色。保定现有的房车营地能够提供基础保障，但住宿、餐饮、休闲、娱乐等综合服务设施配套还不够完善。房车营地品牌创建、连锁经营和电子网络化管理有待推进。

二、保定创新旅游发展的主要问题

（一）旅游整体形象不鲜明

"京畿胜境，醉美保定"是保定的旅游宣传口号，该口号突出了保定邻近北京，是首都的南大门，属于北京一小时交通圈辐射范围，又强调了保定自然资源丰富、景色壮美、令人陶醉的景观特点。

但从该口号设计看，主要存在如下问题：第一，不够鲜明独特。保定地理位置优势突出，交通便捷，人文历史灿烂，文物古迹众多，自然风光秀美，红色文化丰厚。保定虽旅游资源众多，但对核心文化的整合与凝练不够深入，现有"京畿胜境，醉美保定"形象不能准确反映保定集历史文化名城、太行山秀美风光、独特的衙署文化、耀眼的红色文化等优势旅游资源与文化资源于一体的鲜明形象。第二，现有口号不够响亮。现有"京畿胜境，醉美保定"的易识读性、识别性、简洁性、上口便利度、鼓动性都不理想，不能做到朗朗上口、联想直观、过目不忘。第三，现有口号市场目标指向覆盖过窄，主要局限于京津冀地区，市场号召力极为局限，不利于全国知名旅游目的地建设目标的实现。

（二）基础设施发展滞后

第一，旅游公路最后一公里问题亟待改进。经过"十三五"建设及省市旅发大会的筹办，保定市各主要旅游景区的可进入性已经得到极大程度的改善。各主要景区与高速公路、交通主干道都建立了交通连接，但是从整体上看，高速公路口和交通主干道至景区区间的交通便利性依然是景区外部交通不够畅通的"卡脖子"因素。这部分道路主要存在路况差、道路幅面窄、道路等级低、旅游大巴车通行困难、旅游自驾危险因素较多等问题。

第二，旅游停车场建设与管理存在明显不足。保定各主要旅游景区在旅游旺季停车场管理中主要存在以下问题：（1）停车场设置不合理。部分景区停车场选址距景区入口处较远，游客需付费换乘景区接驳车进出景区，增加了游客负担，降低了游客体验满意度。（2）停车场车位有限，备用停车场配置不足。（3）乱停乱放乱收费现象时有发生，部分景区周边群众私设停车场，因缺乏管理，游客无法区分正规停车场与非正规停车场，反映出停车管理服务不到位。（4）停车场设施配备简陋，指示标识欠缺，生态停车场修建比例偏低，智慧停车服务少，停车流程需要精细化设计。（5）收费混乱。因部分景区停车场交由第三方采用承包方式进行管理，没有收费公示牌，定价随意，只收费不管理，严重损害了当地的旅游形象。

（三）景区游览舒适度应优化提升

保定市5A级景区数量省内排名第一，说明保定景区建设管理水平处于省内前列。但不可否认的是，即便是保定的5A级景区，在景区游览舒适度建设方面也存在一些需要解决的问题，主要包括：第一，景区项目建设缺乏统筹设计，较为随意，个别有影响力的景区存在低俗表演、过度商业化的倾向。第二，景区内游客服务设施不完善，游览参观指示设施设置及维护不足，垃圾箱配备偏少，洗手间位置设置不合理，保洁不到位，绿化缺乏统一规划，游览步道损坏后不能得到及时修复。第三，个别景区游览项目存在安全隐患，部分景区设有滑道、玻璃栈道、快艇游船、充气城堡、网红桥等消费项目，因管理不到位，安全隐患突出，极易造成安全事故。第四，景观设计与维护不到位，景观设计粗制滥造，不能满足游客的需要，建筑设计与景观设计缺乏协调性、美观性，景观呈现不能反映当地的旅游特色和文化内涵，视觉效果不佳，与游客内心需求不匹配，缺乏悦情性。第五，部分景区临时性用工所占比例较大，对员工缺乏统一培训，服务意识不强，服务态度差评度较高。第六，景区好客、友客度偏低，部分景区从业人员素质偏低，服务不规范、不到位，不能准确了解游客需求；当地社区对游客包容度不够，待客思维过度商业化，不够友善真诚，存在欺客行为；景区对文明游览引导不足，部分旅游者素质不高，引发当地居民不满。

（四）旅游产品结构仍需优化

尽管保定市旅游产品提出了"一核两带六区"的发展战略，以京西百渡为代表的休闲度假旅游产品品牌建设初见成效，但从整体情况来看，保定现有旅游产品结构仍以传统的观光产品为主，特别是中长途游客在保定旅游还是以白洋淀、冉庄、狼牙山、野三坡等传统知名景点为主。

京西百渡、京南新城特色旅游体验区、生态康养红色文化体验区、国际田园休闲区、中医温泉康养体验度假区、古北岳文化生态休闲区还处于品牌建设初期，产品需要进一步完善，休闲度假元素需要进一步丰富和提升，市场需要深耕拓展，品牌推广任重道远，京津客源引流需加大力度。

保定观光旅游产品以山水风光、名胜古迹、红色旅游为主。保定现有的传统观光游产品因对文化内涵挖掘不足和休闲度假元素缺位，已不能满足当前游客对观光游产品的需求。且保定的观光游产品还存在交通可进入性没有达到一个比较理想的旅游时间比、景区游览内容设计不够丰富、景区风貌雷同、景观设计缺乏震撼力、游客参与设计层次粗浅、重要体验环节设计游客体验度不佳、旅游景区运营较为传统、景区接待季节性特征表现突出等一系列需要尽快改善的问题。

保定狼牙山、冉庄地道战旧址与白洋淀组成的红色经典线路是河北最具人气的线路之一，但保定红色旅游产品开发层次较低，低水平开发现状与高品质旅游资源价值不匹配。主要存在旅游产品设计单一、缺乏吸引力等诸多问题。

保定现有红色景区景观设计以静态、橱窗式展示为主，缺少现代化展示手段，即便是部分景区配置了全息投影或 VR 系统，但也多数处于养护不利状态，故障不断，不能正常为游客提供服务。部分景区展示内容单调陈旧，缺乏历史与现实的有机结合，时代内涵较为匮乏。一些景区参观游览氛围过于商业化，缺少应有的庄重、大气与气势，沉浸式游览环境配置不足。

保定红色景区有一个特点，就是红色资源多与自然山水风光相伴，且自然山水一直是主要吸引物，而此类景区中的红色元素并不突出，也不是主要旅游吸引物，红色文化价值保护与开发都较为薄弱。

当前红培市场异常火爆，保定市红培产品开发乏力，主要表现为：第一，专业红培机构数量少；第二，红培产品设计层次低，专业程度差；第三，市场竞争力不足，未能形成有影响力的红培品牌，客源多为石家庄或北京中转客源。

（五）缺少行业龙头

保定涞水野三坡、涞源白石山景区多次入选全国 5A 级景区百强榜单，保定是河北省所有景区中入选百强榜单数量最多的城市。但是从客源调研情况看，野三坡和白石山景区知名度高、景色壮观是游客选择来景区游览的主要因素。但是景区高品位的资源也不能遮盖景区运营、景区服务的不足。野三坡、狼牙山景区近年来屡现财务困境，产生了不良的社会影响，对景区发展造成了冲击。

保定现有旅游企业小、散、弱、差，产业集中程度不高，缺乏行业龙头、领军集团及精品项目，造成了保定文旅产业链条关键环节的缺失。

虽然保定旅游整体发展较快，但快速发展主要是依赖传统知名景区固有的市场号召力及增加新景点实现的，保定旅游产业粗放型规模扩展发展特征比较突出。因没有龙头企业，无法有效带动保定旅游业的"旅游+"融合创新发展，实质上导致了保定旅游发展相对缓滞，质量不够高，竞争力不够强，发展不够充分，旅游市场规范程度不足，使得游客停留时间短，旅游消费对本地经济贡献度较低。

三、保定创新旅游发展对策

（一）减少对门票经济的依赖

保定要跳出门票经济思维，应充分研判休闲度假时代、全域旅游大发展时代及大众旅游时代的旅游发展趋势，转变旅游发展思路。应进一步优化旅游发展环境，着力推动保定旅游从知名景点带动向全域旅游带动发展，从门票经济依赖向全链条综合产业经济吸引发展，从观光旅游向休闲体验游深耕拓展。

保定旅游囿于传统的景点游，季节性旅游问题突出，游客来游时间段集中，出游成本高，旅游体验度差，满意度低。保定应以全域旅游为建设目标，以全季旅游、全时旅游、全天旅游为目标，把全域作为功能完备的休闲度假旅游目的地进行规划建设及完善提升。

要对保定现有旅游产品结构进行优化调整，树立大旅游思维，在持续丰富完善食、住、行、游、购、娱等传统产品要素的同时，有效推动具有保定特色的文化、康养、体育、红色、研学、休闲、民俗等旅游新业态及新产品的开发，优化保定旅游产品结构，充实保定旅游品牌形象，推动保定旅游实现产业链条的纵深发展。

（二）补齐短板，实施精品工程

保定旅游资源品位高、数量丰富，但是以精品景区为代表的高品质旅游产品数量较少，极大地制约了保定旅游产业的持续发展。

旅游发展需要全链条的配合，保定应坚定推进保定旅游产业供给侧改革，补齐制约发展的三块短板，即打造相对丰富的高端优质特色旅游产品、凝练打造符合保定特色的旅游品牌形象、尽快改善旅游基础设施相对薄弱的制约因素。

保定旅游资源品位高，具有打造高品位优质旅游产品的优势条件。一方面，应依托现有资源基础，围绕精品旅游资源，如野三坡、白石山、清西陵等世界级旅游资源，冉庄地道战遗址、狼牙山、阜平城南庄晋察冀司令部旧址、阜平骆驼湾等享誉全国的红色旅游资源，直隶总督署、莲池书院、大慈阁、古北岳等历史文化旅游资源，定州古城风情游、保定古城美食游等特色民俗资源，以差异化、品牌化、生活化、特色集群化、国际化为方向，构建老直隶特色的国内旅游目的地系列品牌旅游产品，努力将保定打造成为全国知名的成熟旅游目的地。

另一方面，应积极开展创新实践，升级原有传统业态，积极发展新业态。相关部门应制定相关产业政策，优化旅游环境，大力引导和鼓励文旅创新融合发展，加强旅游创意，力推一批耳目一新、震撼人心的保定特色旅游精品力作。

休闲度假旅游是河北省旅游产品结构中的一块短板。保定有丰富的休闲度假旅游资源，比如京西百渡休闲度假区、大茂山古北岳文化生态休闲区、拒马河生态文化旅游带等。保定应以此良好的高起点建设为基础，加大力度，尽快将休闲度假旅游产品这块短板做强做大，形成京津冀主要的休闲旅游度假地。

旅游商品是旅游产业链条的重要组成部分。保定拥有丰富的地方特产与民间技艺，比如历史悠久、文化厚重的定瓷、易水砚、曲阳石雕等传统工艺美术品。保定应围绕地方土特产与民间工艺品，作好文创设计，做新做特旅游商品。

当前，保定景区旅游商品缺乏地方特色，缺少文化内涵，同质化、低端化、劣质化现象比较突出，既不能满足游客的购物体验需求，也不能拉动地方旅游产业发展。保定应以"冀字号"特色旅游商品为重点，做好燕赵文化的文创大文章，大力发展旅游商品产业，提升旅游购物比重。

（三）鼓励创新发展，培育龙头企业

由于长期以来旅游业的发展多为政府主导型，政府部分相关政策的实施无形之中增加了企业的经营成本。保定市应着力解决政府管理和服务水平跟不上旅游业快速发展形势的矛盾。

保定应营造良好的旅游发展环境，为旅游龙头企业的成长保驾护航。要培养旅游企业的创新融合发展能力、提高文旅企业的运营质量与效益，强力坚持"减少行政干预、以市场为主导力量、优化供给结构、提高供给效率"。通过减少交易成本、税费、融资成本、社会责任成本等，增强旅游企业的创新意愿与创新能力。

作为政府部门，应一端抓好旅游规划和标准的制定修订与实施，另一端做

好全域旅游形象推广和市场监管,为旅游跨界融合的相关领域和产业搭建合作平台,推动"旅游+"或"+旅游"的跨界融合创新,努力培育一批全国一流的旅游企业集团和知名旅游品牌,把旅游业培育成为全市投资的重点、消费的热点和开放的亮点。

第三节 承德创新旅游发展研究

一、承德旅游发展概述

承德地处河北省东北部,与北京、天津、辽宁、内蒙古及省内的唐山、秦皇岛、张家口相接壤,是连接京、津、冀、蒙、辽的重要节点,具有一市连五省的区位优势。

承德区位优势独特,资源优势、文化优势、生态优势突出。承德集国家历史文化名城、中国十大风景名胜、中国旅游胜地四十佳、世界文化遗产地、全国首批"十大文明风景旅游区示范点"、中国优秀旅游城市、感动世界的中国品牌城市、中国特色魅力城市、国家园林城市、中国十大特色休闲城市、中国旅游标准化城市等众多荣誉于一身,是享誉全国的旅游名城。

文化旅游产业已经发展成为承德第一主导产业。2019年,全年接待境内外游客8271.09万人次,实现旅游收入1055.67亿元。承德正在向创建国家全域旅游示范市和建设国际旅游城市的发展目标迈进。

二、承德旅游发展格局

承德围绕打造国际旅游目的地的建设目标,现已形成"一路、一廊、两带、三足、四组团"的旅游发展总格局。

"一路"是指连接张家口与承德坝上地区的集冬季滑雪、休闲、观光、温泉等旅游项目于一身的国家一号风景大道。"一廊"是指"一走廊",即由系列旅发大会建设项目组成的武烈河百公里旅游文化产业走廊。"两带"是指以木兰围场、红松洼、塞罕坝为代表的西部坝上森林草原旅游带,以兴隆山水—

宽城蟠龙湖—承德县柳河十八湾为代表的东部塞外山水旅游带。"三足"是指北部森林草原、中东部皇家文化和东南部燕山长城三个旅游板块。"四组团"是指以世界文化遗产和丹霞地貌为代表的双桥组团，以大文化创意、运动休闲、健康养老、旅游度假等产业集群为代表的双滦组团，以山林风光、辽金文化为代表的平泉组团以及以七家-茅荆坝地区高端康养旅游为代表的隆化组团。

三、承德旅游市场数据分析

（一）国内客源为主，季节性表现明显

承德主要旅游旺季仍集中于7月、8月两个月份，游客接待量约占全年的30%，平季为每年的4月、5月、6月、9月、10月五个月，游客接待量约为全年的44%，淡季为1月、2月、3月、11月、12月五个月，游客接待量约占全年的26%。

从客源构成情况看，国内游客与国际游客的占比约为99∶1，每年的7月份国内游客接待量最多，每年的11月份国内游客接待量最少。而入境游接待旺季主要集中于每年的1月、2月、3月及11月、12月，接待量最多的是每年的1月份前后，正好是国内游客接待量最少的时间段。入境游接待量最少的时间主要集中于每年的7、8、9、10四个月，特别是7、8两月，恰好是国内接待的旺季。

从每年节假日游客接待情况看，国庆节、端午节、"五一"游客接待量大，清明节、中秋节、春节游客接待量较多，元旦接待量较为有限。

（二）游客停留时间以一日游为主

根据承德智慧旅游数据统计，从游客停留时间看，来承游客以一日游为主，约为全部游客总量的70%，二日游约为全部游客量的19%，其余为三日以上。由此可见，一日游仍是承德旅游的客源主体，观光游是承德的主要旅游产品，承德仍是观光型旅游目的地。

从游客在主要景区参观游览时间看，以新建景点国家一号风景大道为最，

游览时间长达 8 小时，停留时间最短的董存瑞烈士陵园，只有约 25 分钟。

（三）游客参观的热门景点以传统经典景区为主

根据中国移动、中国电信提供的大数据分析，通过网络搜索高频词汇生成的词汇云看，对来承游客最具吸引力的景区是避暑山庄、塞罕坝、木兰围场、普宁寺、小布达拉宫、金山岭长城、磐锤峰等传统经典旅游景区，避暑山庄依然是承德最具吸引力的景区。近年来，承德新建景区中唯一被列入互联网搜索前十名的景区仅有国家一号风景大道。

从市场细分看，最受欢迎的景区是坝上草原，普适性较高，游客覆盖群体较多。中老年游客更倾向于选择名胜古迹、自然观光和文化体验类景区，年轻游客更倾向于选择娱乐性高、参与度好的景区。

（四）客源以周边省份为主，客源集中度偏高

从承德旅游行政主管部门发布的统计信息看，承德国内游客源地主要集中于河北、北京、山东、辽宁、河南等地，占全部游客接待量的 90%。承德最大的客源地是河北省，占全部接待量的近 30%，外省客源量排在前列的是北京、山东、辽宁，占全部游客接待量的 50%。由此可以发现，承德旅游客源主要以本省及周边省份客源为主，客源集中程度较高，市场辐射力较弱。从入境游客源数据分析看，国际游客接待量小，对市场影响极小，且客源主要以港澳台及东南亚客源为主，国际客源也有待进一步开拓。

（五）来承游客的交通方式以自驾为主

承德现已形成高速、高铁、航空等立体化交通体系，可进入性已显著增强。根据交通部门发布的数据，省内游客中有 49% 的游客以自驾游方式来承旅游，乘坐大巴车来承的游客占接待总量的 25%，乘坐火车来承旅游的占接待量的 15%，乘坐飞机的游客不足 5%。省外客源以大巴车和火车最多，其次是自驾、飞机。

以上数据表明，承德应加强自驾游服务保障体系建设，将进入承德的各交通路线的公路等级、路面平整度、交通指示标识、自驾营地、自驾线路等进行

优化配置，以满足自驾游旅客来承旅游需求。同时应大力拓展高铁与飞机的客源引流力度，进一步提升省外游客赴承旅游的可进入性。

（六）游客来承旅游消费偏好特点突出

住宿偏好：淡季来承旅游的游客主要选择星级酒店入住，旺季的时候因价格原因，来承的游客主要以快捷酒店为主。淡季与旺季选择公寓或民宿入住的游客比例都不高。根据美团、携程、途牛、艺龙等OTA平台数据显示，游客对承德住宿的服务与设施、位置环境、餐饮口味、清洁卫生等满意度好评率约为90%，满意度较高，但是对酒店智能化服务满意度不高。

饮食偏好：来承旅游的游客在餐饮选择上更愿意品尝当地特色菜，尤其是塞外宫廷菜、满族特色菜、清真菜及农家特色美食最受偏爱。人均消费额150元左右，价格较为适中。

购物偏好：来承游客整体购物消费额较低，人均不足百元，所购物品以生活用品为主，旅游商品消费额不高。购物地点选择以大型超市为主、旅游商业街区及各大商场为辅。

娱乐偏好：根据网络评价，到访承德的游客更喜欢到电影院及KTV等娱乐场所进行消费。观看旅游演艺的游客数量相对偏少。娱乐消费不足全部消费额的10%。

四、承德创新旅游发展现状

（一）打造承德旅游新品牌

"皇家三冠"和"紫塞三绝"是承德精华旅游资源的代表，尤以"皇家三冠"最具知名度，是承德最核心的旅游吸引物。为了催生新业态、延长产业链条，承德打造了"国家一号风景大道"和旅居金山岭、漫游大燕山两大品牌，拓宽了承德文化旅游发展视野，特别是"国家一号风景大道"品牌效应较为显著，从互联网关注度、游客接待量、游客停留时间、游客好评度等评价指标来看，已成为仅次于避暑山庄的较具人气的旅游新景观。

"武烈河百公里旅游文化产业走廊"是承德近年来新打造的旅游新业态产业带。这条文化产业长廊绵延百公里，共有16个旅游景点错落分布，以世界文化遗产避暑山庄及周围寺庙为龙首，带动了鼎盛梅园、莲花山、隆承国际大马戏、温泉民宿小镇、老酒文化产业园、农业生态园、农旅生态园等一批新业态的蓬勃发展。

上述新旅游品牌的打造为承德旅游产业链条的延伸、旅游市场的拓展及旅游品牌的塑造推广提供了新的发展契机，也是承德旅游可持续高质量发展的新引擎。

（二）"塞罕坝精神"新品牌崛起

很长一段时间以来，塞罕坝主要以自然生态风光作为最大吸引要素支撑承德自然景观旅游市场的发展。塞罕坝是中国北方最大的森林公园，生态环境极佳，充分体现了绿水青山就是金山银山的发展理念。近年来，其因绿色生态传奇铸就的"牢记使命、艰苦创业、绿色发展"的塞罕坝精神闻名全国。因塞罕坝精神彰显着绿色发展的重要意义，对建立生态文明和建设美丽中国具有重要示范作用而使得塞罕坝人气关注度居高不下，旅游旺季游客接待量呈井喷状态。塞罕坝已发展成为新时期承德旅游发展的一面新旗帜、一个新品牌。

（三）创新驱动构建全域旅游示范区

"十三五"以来，承德以"旅游+""+旅游"模式激发旅游业的综合带动功能，使得旅游业与相关产业融合发展，培育了旅游新业态，完善拓展了旅游产业链条。"旅游+工业""旅游+农业""旅游+体育""旅游+文化""旅游+红培""旅游+演艺""旅游+科普""生态+旅游"等新业态发展规模日益扩大，品牌影响力日益提升，在一定程度上改变了承德旅游避暑山庄一枝独大的单一业态产业结构。

承德休闲游业态要素日益完善，生态游知名度显著提升，世界遗产游与森林草原游已成为支撑承德旅游发展的文化与自然双引擎，承德已经实现了从单一世界遗产游向多元化高品质全域旅游、从单一观光游向休闲度假游、从夏季游向全季游的方向调整。同时，承德旅游的创新发展还带动了承德山区综合开发、现代工农业发展、脱贫攻坚、美丽乡村建设等各项工作的有效开展。

（四）以科技创新推动旅游业融合发展

承德在推进旅游转型发展中，充分利用科技手段，挖掘文化资源，提升传统业态，打造新业态，营造主客共享的新空间。

从景区设计理念上看，新建景区引进国际设计理念，实现了景区创意国际化，景区建材选用生态化、本土化，景区服务设施设计生活化，景区项目设计场景化，景区服务智能化的设计理念。

从旅游新业态产品看，承德博物馆及鼎盛王朝、梦入避暑山庄、隆承国际大马戏等旅游演艺在科技创新与旅游融合发展方面最为突出。

以2020年推出的《梦入避暑山庄》为例，该部作品以科技+创新+历史+艺术的方式，展现了承德的皇家文化、满蒙文化、草原文化三张国际品牌。演出时通过对数字艺术、机械技术和舞台特效等的多重使用，利用投影、剧情表演、场景打造、观演交互等，让那些尘封的历史重新"活"起来。《梦入避暑山庄》打破以往传统的台上台下观看模式，创新采用多位立体、沉浸互动的多重空间，观众居于中央位置沉浸其中，舞台效果及观赏效果给人以极大的震撼，体现了科技创新与旅游融合发展给承德旅游发展带来的强有力的推动。

承德文旅局还联合通信部门，从2019年起采用云平台及智慧旅游大数据技术将相关涉旅信息进行汇总、整合、筛选、重组，定期发布承德旅游大数据分析统计信息，让行政管理部门及旅游企业能够详细了解承德旅游运行基本情况，为提高承德旅游运行质量提供相对客观的参考数据，为评估全域旅游发展情况提供数据支撑。

五、承德旅游发展的主要问题

（一）游客停留时间短，观光游仍是主流

通过对智慧旅游提供的数据进行分析发现，承德地接仍以一日观光游为主，而且占据绝对主体地位。游客停留时间短，消费局限于门票及餐费，对承德旅游贡献相对较少，与休闲度假旅游目的地的发展定位差距较大。

（二）淡旺季明显，全季型旅游目的地建设任重道远

承德旅游至今仍属于夏季接待型旅游目的地，避暑仍是最具影响力的本底印象。夏季经济、假日经济对承德旅游影响大，游客接待较为集中，供需矛盾较为突出。旺季及假日游客体验度下降，出游成本增高，可进入性较差。

（三）客源集中度高，区域性旅游目的地特征显著

近年来承德客源市场地理集中度虽有所下降，但仍以京、津、冀、辽、蒙等省内或周边省份为主，相较于桂林、张家界、青岛、西安等知名旅游城市，承德的客源市场集中度明显偏高。从市场覆盖看，承德还是一个区域性旅游目的地。随着高铁的开通及空中航线的增多，承德应加大对中远途市场的开发拓展力度，增加对中远途市场的吸引力，实现从区域性旅游目的地向全国性知名旅游目的地的转换。

（四）新兴业态影响力弱，对承德旅游转型发展未产生实质性影响

随着旅游产业供给侧结构的调整，承德旅游新业态市场影响力已初步构建，休闲度假品牌已初步形成，已经成为承德旅游业发展的新增长点及全域旅游建设的突破点。但是就目前市场运营情况来看，承德观光型旅游产品唱主角的产品需求结构并未得到根本改变。

新业态、新产品的有效供应及市场带动力无法和避暑山庄、外八庙及坝上草原观光产品抗衡。承德的旅游新业态更多是起到了丰富市场、调剂供给的辅助作用。同时，承德新业态建设还存在产品与服务品质不高的突出问题，特别是新业态的文化内涵、科技创新、绿色生态元素体现不够充分，与游客对新业态的需求匹配度不高等。

（五）智慧旅游服务功能与掌上游承德不匹配

承德自 2019 年起大手笔构建了承德智慧旅游大数据平台，将承德景区、

旅行社、酒店、餐饮、娱乐、购物等旅游链条数据打通，实现数据的对接共享。同时也将旅游气象、旅游交通、旅游监管等涉旅部门的信息进行有效整合，共同组建了承德智慧旅游基础数据平台，为承德智慧旅游发展提供了坚实平台。

但是从数据适用情况看，主要满足了行政主管部门及涉旅行业对智慧旅游信息的需求，而对客智慧旅游服务功能建设滞后于游客需求。目前承德缺乏一套以网站、App、小程序为载体的大数据对客服务平台，还未能有效搭建集免费 Wi-Fi 信号覆盖、网上查询、网上预订、网络导航、网络导览、网络投诉等功能于一体的智能化便利智慧旅游平台。

六、承德创新旅游发展对策

（一）提升国际旅游市场吸引力

承德应抓住全域旅游示范市建设、京津冀协同发展及冬奥会举办的历史机遇，利用紧邻北京、潜在国际客源多的优势，加强国际化建设，精准营销，提高海外市场、海外游客对承德的认知度；以国际化标准作好承德旅游目的地规划、建设、运营、营销与服务；讲好国际化的承德故事，全力提升观光旅游产品国际知名度，下大力气打造精品型国际化度假旅游产品，着力提升承德文化与生态旅游资源的国际影响力，推进国际客源规模的提升。

（二）扩大周边客源市场，拓展中远途客源市场

京津冀是承德最主要的客源市场，是承德旅游客源的基本盘。承德应进一步挖掘紧邻北京、天津及高速、高铁已打通一小时交通圈的优势，巩固砸实北京、天津和省内客源市场。

以承沈高铁开通和机场航线日益加密为契机，加大对东三省高铁沿线的市场营销力度，力争长三角、珠三角等东南沿海地区市场有所突破和增长。

根据游客偏好，通过开通旅游专列、旅游机+酒专线、旅游直通车等方式提高承德旅游的吸引力与可进入性。通过完善自驾游服务保障体系，满足日益增长的自驾旅游市场需求。

（三）建设全季旅游目的地

承德应拉长旅游产业链，通过创新旅游演艺、发展特色夜市经济、推进特色文化街区小巷建设，与张家口差异化发展，利用紧邻北京客源多的优势高水平推进坝上地区冰雪旅游资源的开发建设，将夏季旅游逐渐延伸到全季旅游、全时旅游，将以门票、住宿、餐饮为主的消费结构逐渐转变为购物、娱乐比重日益增加的消费结构。

（四）新业态提质增效，核心吸引物放大辐射效应

通过实施塞罕坝、金山岭长城等5A级景区创建以及国家一号风景大道、"武烈河百公里旅游文化产业走廊"国家旅游度假区的建设，探索承德夜休闲、夜经济新业态，增加城市烟火气息，扩大承德核心旅游吸引物的市场号召力。

持续不断地提升承德文旅新业态精品建设与推广营销力度，扩大承德休闲游品牌在京津市场的影响力，增加休闲游对承德旅游经济的贡献度，树立承德休闲旅游度假历史名城市场形象。

（五）优化旅游发展环境，促进旅游高质量发展

承德应为旅游业的发展建立良好的环境保障：第一，大力强化社会治理，消除各类安全隐患与治安隐患，确保游客在承旅游期间的人身及财产安全；第二，加强文旅行业监管力度，净化市场秩序，确保游客可以享受到诚信、优质的旅游服务体验；第三，针对破坏市场秩序行为应加大执法力度，确保诚信体系建设环境。

推进旅游业与文化产业的融合发展，在进一步发展娱乐、旅游演艺的基础上，推动文化创意、移动多媒体等新兴文化产业发展，提升文创科技创新力度，增强承德文创产业核心竞争力，带动承德文化产业的繁荣与发展。

承德市扶贫任务重，压力大。承德应继续围绕旅游发展实施旅游扶贫战略，将扶贫攻坚与乡村旅游、生态旅游有机结合，将农副业、养殖业、民间手工技艺、传统民俗纳入承德全域旅游的建设中来，丰富游客旅游体验，提高贫困人

口收入，实现主客共享旅游发展的建设成果。

（六）完善智慧旅游功能建设，提升游客满意度

目前避暑山庄已实现了全景区 5G 信号覆盖，景区已实现了智能化服务与智能管理的智慧旅游服务的建设目标。承德的核心景区均应加大智慧景区建设力度，早日建成能够为游客提供智能售验票、全景虚拟云游览、智能导游、智能导览、景区信息实时查询、旅游公共信息查询、旅游投诉受理、景区演艺门票预定、景区附加服务预定、智慧停车引导、游览点评、免费网络服务等功能的智慧承德游掌中宝服务平台。通过该智慧游掌中宝平台的建设运行，让游客尽享智慧旅游给出行带来的便利，提升游客满意度。

第四节　邯郸创新旅游发展研究

一、邯郸旅游发展概述

邯郸是"中国优秀旅游城市"。邯郸位于河北省最南端，区位优势独特，地处晋、冀、鲁、豫四省交汇之地。邯郸历史悠久，是国家级历史文化名城。邯郸旅游文化资源丰富，尤其以成语文化、赵文化、磁州窑文化、磁山文化、女娲文化、响堂山文化、广府太极文化、边区革命文化及建安文化为代表。

"十三五"以来，邯郸市在全域旅游建设发展建设中取得了可喜成绩。2017年9月，邯郸被确定为首批省级全域旅游示范市创建单位；2019年9月，涉县被文化和旅游部认定为首批国家全域旅游示范区；2020年8月，武安市、峰峰矿区被命名为省级全域旅游示范区；2020年11月，武安市被列为第二批国家全域旅游示范区。邯郸全域旅游示范区建设走在了全省前列。

2019年，邯郸共接待国内外游客 8036.56 万人，实现总收入 977.16 亿元，旅游业发展势头向好。当前，邯郸按照"文旅+市场+创意"的发展模式，以高质量发展和全域旅游建设为方向，正在向多元化全域旅游休闲度假目的地体系建设目标迈进。

二、邯郸旅游发展格局

邯郸市现在已经开始构建"一核、三带、六集群、八支点"的文旅产业发展新格局。

一大核心功能区是指邯郸中心城区。一核主要围绕要素提升、需求引领、产业集聚、文化创意、旅游集散、旅游休闲、公共服务、品牌推广以及"街区型景区"城市旅游综合体等全域旅游支撑要素开展建设。

三大文化旅游带是指太行山、滏阳河、大运河文化旅游带。太行山文化旅游带涉及武安、磁县、涉县、峰峰、永年 5 个县区,主要以太行风光、红色文化、女娲文化为核心吸引物,积极培育重大文旅产业项目和文旅产业,努力构建集文旅集聚、生态涵养、旅游休闲于一体的邯郸太行山文化旅游品牌。滏阳河是邯郸的母亲河,滏阳河文化旅游带主要涉及鸡泽、曲周、永年、邯郸经开区、丛台区、邯山区、磁县、峰峰等县区,以北齐响堂山石窟、广府太极文化为核心旅游吸引物,主要构建集绿色生态、璀璨文化、多彩休闲于一体的滏阳河绿色生态文化休闲旅游品牌。大运河是国家级文化符号,邯郸大运河文化带主要涉及馆陶、大名、魏县、临漳等区县,历来属于邯郸旅游发展洼地。"十三五"以来,以大运河国家文化公园建设为契机,邯郸以运河文化资源为依托筹划构建以运河为主题的历史街区、博物馆、创意产业园、生态园、考古遗址公园等重大文旅项目,打造邯郸大运河旅游品牌。

六大产业集群主要指以特色优势旅游资源为核心集聚而成的以涉县一二九师司令部旧址为代表、以"太行硝烟、胜利曙光"为主题的边区文化文旅产业集群;根据全国垄断独有的成语文化优势,以构建成语之都高端文旅 IP 为目标、以构建高质量文化创意为特色的成语之都文旅产业集群;以中华祭祖圣地娲皇宫为核心,以大型文旅产业集群、综合文化旅游产业示范区为载体的女娲文化文旅产业集群;以享誉世界的太极之乡广府古城为核心、以推动太极文化国际化建设路径而构建的广府古城杨武式太极文化文旅产业园区;以磁州窑文化复兴为宗旨、以磁州窑与相关产业融合为路径构建的磁州窑文旅产业集群;以中心城区为集群空间、以赵文化为核心、以历史风貌修复与复兴为抓手、以信息技术为主要提升手段构建的燕赵风骨赵文化文旅产业集群。

八个重点文旅项目主要包括武安全域休闲旅游度假区、丛台公园及周边历史文化街区、方特国色春秋主题公园、太极圣地广府古城、邺城国家遗址考古公园、赵王城遗址公园、北宋大名府国家考古遗址公园及太行红河谷。

三、邯郸创新旅游发展现状

（一）旅游景区建设

1. 景区产品结构

邯郸现已初步建立起了精品旅游景区供给体系，从数量上来看，截至2021年，邯郸共有4A级景区14家，5A级景区2家。从景区类型来看，不仅包括传统文化型景区，还包括自然山水景区，同时也出现了弥补河北主题景区市场空白的方特国色春秋旅游主题公园，以及以峰峰磁州窑文化产业创业园为代表的旅游综合产业园区及各类特色小镇。这些传统景区及新景区为邯郸旅游发展构建了较为成熟的景区产品结构。

2. 景区精品建设

根据全域旅游建设及旅游高质量发展要求，在提高景区可进入性、优化景区游览设施配置、提升景区对客服务设施保障程度、景区智慧服务建设等方面作了重点建设。

邯郸主要采取如下方式实施精品景区建设：第一，打造全国知名的龙头景区，构建了以涉县娲皇宫、永年广府古城、武安东太行景区为主体的邯郸文化与自然高品位高端精品龙头景区；第二，构建了一批区域性知名精品旅游景区，培育了京娘湖、七步沟、朝阳沟等沿太行山区珠串状分布的高品质、高市场认知度，且在京、津、冀、豫、鲁、晋等区域具有一定市场号召力的知名景区；第三，以A级景区创建工作带动景区走精品化发展路径，特别是涉县一二九师司令部旧址、峰峰矿区响堂山石窟5A级创建已取得阶段性成果，为丰富邯郸高品质旅游景区提供了新的发展空间；第四，以国家级旅游度假区标准培育本地特色旅游度假区，为发展高端休闲度假旅游提供了产品支撑。

（二）旅游公共服务显著提升

1. 旅游集散咨询服务体系建设

邯郸市按照国家标准，在火车站、机场、长途汽车站、景区景点等窗口区域构建了地域特色鲜明、形象标识统一的，以中心城区为主，旅游城镇、旅游景区景点为补充的旅游集散咨询中心公共服务体系。旅游集散中心建设已经初步实现了全域化覆盖。

邯郸市各旅游集散中心主要向游客提供景区、交通、线路、气象、娱乐、购物、安全及医疗急救等信息与服务，能够较好地满足游客来邯郸旅游的需求。

2. 交通体系建设

旅游时间比是评价衡量旅游可进入性及旅游满意度的重要指标。构建全域化、智慧化、便捷化、品质化的"快旅慢游"交通体系是全域旅游建设的重要支撑。

邯郸市主要旅游吸引物密集分布于西部太行山区域。为了突破道路交通不便、可进入性差的发展瓶颈，邯郸武安、涉县大力改善交通体系，通过开通旅游环线，拓宽改造升级路面，打造景观绿廊，初步构建了"快旅慢游"的旅游交通体系，极大地改善了邯郸西部山区的旅游通行条件，提升了旅游交通视觉体验度，旅游核心吸引力显著增强，为涉县、武安构建全域旅游示范区提供了有力的交通支撑。

3. 智慧旅游建设

智慧旅游建设是提升全域旅游发展水平的抓手。邯郸当前已经建设电子政务平台，对全市智慧旅游云项目进行了一期二期招投标建设，"一部手机游邯郸"App 也在研发中，全市全域旅游智慧城市建设基本要素已经齐备。

全市主要景区陆续建成了智能服务体系，初步实现了免费 Wi-Fi、智能导览、智能定位、电子导游、网上预订、网上支付、网上咨询、网上互动等功能。

4. 旅游公厕建设

旅游公厕数量不足、功能简陋、管理不到位、服务功能差一直是邯郸旅游发展的短板因素。2017年以来，邯郸市根据国家和河北省全域旅游建设要求，从以下几方面加强旅游公厕建设。

第一，根据实际需求，制定三年建设规划，增加旅游公厕数量。第二，制定建设任务，确保合规旅游公厕按时间节点完成建设并投入运营。2020年，邯郸按建设计划完成了103座旅游公厕的建设，为三年建设期作了顺利的总结收官。第三，旅游公厕建设采用新设计、新工艺与新材料，造型及内外部装饰极具地域特色。第四，旅游公厕建设突出旅游特色与服务功能建设，凸显人文关怀。所有3A级以上景区均设置了第三卫生间，部分厕所配置了洗手池、手纸盒、烘手机、大面镜、挂钩、婴儿座椅等，服务与体验功能得到实质性的改善。第五，旅游公厕实施常态化管理，将旅游公厕管理和景区等级评定与复核挂钩，确保旅游公厕设施完备、功能完好、环境良好。第六，推进旅游公厕智能化管理。截至2020年，邯郸所有旅游公厕均已录入"全国旅游厕所管理系统"，旅游厕所电子地图也已完成全部上线任务，极大地方便了游人。

5．自驾游宿营地建设

邯郸自驾游宿营地主要分布于涉县、武安、峰峰矿区、磁县等地，主要选址于国家或省级风景名胜区、湖泊湿地等景色优美、生态环境良好的区域。从自驾游宿营地建设情况来看，邯郸自驾游宿营地建设布点较为合理，但数量较少，宿营地设施较为基础，功能不够完善，缺乏文化元素。由于市场需求研究和市场定位缺乏调研，自驾游营地同质化现象较为普遍。

邯郸自由游露营地缺乏统一的营销宣传平台，基本没有独立的营销互联网渠道。露营地的营销多由企业单独运作，效果不佳。宿营地建设运营未形成影响力，缺乏活动主题设计，季节性明显，盈利能力普遍较低。

与全域旅游建设要求不匹配的是邯郸缺乏公益性的自驾游营地，自驾游营地对市场群体缺乏影响力。

（三）旅游新业态建设

邯郸旅游业发展起步晚，但是发展快，特别是"十三五"以来，随着全域旅游建设的全面推进，邯郸旅游业发展已经进入转型升级、提质增效的新发展阶段。旅游市场初步实现了由观光游向休闲度假游拓展、由景点线路带动转向产业集聚发展、由资源驱动向创新驱动转变的新发展格局。

邯郸市在推动全域旅游发展过程中，通过资源融合，探索"旅游+农业""旅游+文化""旅游+工业""旅游+互联网"等模式，积极打造精品旅游新业态。现已建成了以武安市、涉县、峰峰矿区、磁县为主要集聚区的西部山水乡村旅游高地；复兴区、丛台区、永年区、邯山区、肥乡区等城市近郊带推出了田园休闲、乡村度假、文化体验、生态康养等乡村旅游新业态，构建了邯郸城郊休闲游憩带；东部平原地区的馆陶、鸡泽、广平、邱县、大名、魏县、成安等县，打造了田园综合体、特色旅游小镇等新业态，为打造邯郸东部休闲农业特色区奠定了良好基础；依托晋冀鲁豫烈士陵园、武安市晋冀鲁豫中央局旧址、涉县八路军一二九师司令部旧址等经典红色旅游景区打造了红色经典教育游新业态；依托太极圣地永年广府古城打造了太极健康养生游；依托深厚的成语文化开发了成语文化研学游。

邯郸旅游新业态建设已经实现了业态丰富、关联度高、内涵丰富、创新驱动的发展局面。

（四）旅游接待要素提升建设

1. 特色餐饮

地方美食为特色休闲体验吸引要素。为丰富邯郸旅游和餐饮消费市场，打造特色餐饮品牌，邯郸于2019年、2020年连续两年评选了十佳特色名店、旅游特色美食小吃名店、婚宴主题餐饮名店、餐饮最具影响力品牌、旅游特色餐饮名店、十佳团餐企业、火锅特色名店。构建了以邯郸地方特色小吃、民间传统美食、品牌餐饮为核心吸引物的美食休闲街区。邯郸已初步构建了能够满足团队、散客需求的餐饮体系。

2. 住宿体验

邯郸住宿设施主要包括星级酒店、非星级酒店及各类民宿。根据2020年邯郸市发布的相关数据来看，越来越多的游客选择民宿作为出游住宿首选。目前邯郸民宿住宿业主要包括酒店公寓式民宿、特色农家乐、景区客栈、青年驿站等类型。

从顾客需求偏好来看，中老年人多倾向于选择特色农家乐，年轻人多愿意选择酒店式公寓民宿、青年驿站。

从顾客选择民宿类住宿设施的目的来看，主要是基于环境优美、修身养性、休闲娱乐、消夏避暑等需求。

从顾客消费情况来看，多数顾客倾向于选择每晚300元左右的民宿设施，消费水平偏低。

当前邯郸民宿业发展的主要问题是民宿行业标准缺失缺位，行业监管存在真空地带，部分民宿存在安全隐患。邯郸民宿业整体规模偏小，营销渠道建设薄弱，智慧营销建设滞后，消费者预定便利程度有待提升。

从星级酒店发展情况来看，主要存在业态传统、营收规模小、数量少、同质化现象突出、酒店规模增长缓慢等问题，特别是以五星级酒店为代表的国际高端酒店供给仍为空白。

3．旅游文创购物体验

旅游购物是全域旅游的重要发展领域，旅游商品已成为各地旅游业发展新的经济增长点和特色旅游吸引物。

邯郸旅游商品资源丰富、特产丰富，极具开发价值。邯郸磁州窑、邯郸刺绣、邯郸黑陶是邯郸最具知名度的民间工艺美术品。涉县三珍、丛台酒、鸡泽辣椒、武安香醋、大名香油、广府熏鱼、永年驴肉、魏县榆面饸饹等是邯郸著名的特产。葡萄籽油、麦秸画、老粗布、竹制品、立体剪纸、邺城古茶是邯郸新挖掘的特色旅游文创商品。

近年来，邯郸市通过旅发大会、"河北有礼 邯郸有礼"评选及河北省文创和旅游商品创意设计大赛等为邯郸旅游文创商品宣传推广搭建平台，为邯郸旅游文创购物新业态发展提供新契机。

四、邯郸创新旅游发展的主要问题

（一）缺乏龙头品牌

邯郸历史久远，具有得天独厚的文化和旅游资源，但是邯郸文旅业在取得长足进步的同时，存在诸多问题，特别是叫好不叫座、好听不好看的问题亟待解决。

邯郸现有的涉县一二九师司令部、娲皇宫、广府古城虽具有一定的知名度，但仅限于对省内周边区域及豫、晋、鲁、京津等市场具有吸引力，并未形成全国性的旅游影响。邯郸缺乏像秦皇岛北戴河、石家庄西柏坡、承德避暑山庄等那样具有全国知名度的大景区。

因缺乏具有震撼力的景区及文旅项目，导致邯郸缺乏旅游产业高端带动源，难以产生全国范围的吸引力，客源市场不够分散。因此邯郸既不属于成熟的旅游目的地，也不属于重要的客源地，同时也不是旅游中转地，旅游市场地位较为尴尬。

（二）人文类旅游项目同质化

邯郸最核心的旅游资源就是历史文化，特别是以赵文化为代表的邯郸的十大文化脉系全国闻名。但是因为所涉及历史主要为距今两千年左右的文化，历史过于久远，承载历史的遗迹多无迹可寻或无景可看。

邯郸在开发历史文化旅游资源过程中因缺乏整体规划、多头管理、投资方实力不足等因素，导致景区开发过程中出现文化内涵挖掘薄弱、缺乏创意、精品项目稀少、资金投入不足、千人一面等诸多问题。因此邯郸需要解决人文资源开发中出现的同质化、低水平重复建设、衍生品匮乏问题。

（三）景区对客服务设施建设短板依然突出

涉县、武安、峰峰矿区等地为邯郸传统旅游高地，知名度较高，但是仍存在不少问题：第一，因为位于太行山区，依然存在道路不够通畅、进入性体验偏差的问题，特别是对于自驾游群体而言，山区道路的路况危险程度较高，抑制了自驾游客群体市场的拓展；第二，景区附设的停车场车位不足，旅游旺季车位不足问题表现突出；第三，景区步道建设简陋，部分景区步道修缮不及时，存在安全隐患；第四，景区保洁不到位，缺乏足够的环卫保障能力，游客视觉体验差；第五，游客消费选择有限，不能满足游客多样化消费需求；第六，智慧旅游建设滞后，景区智慧咨询、导览、预定、支付功能不完善，智慧体验差。

（四）旅游要素结构不合理

邯郸旅游住宿设施类型较为齐全，但是从产品层次看，高端星级酒店住宿产品供给不足，截至 2020 年，邯郸酒店业五星级酒店市场供应仍呈空白状态。从民宿业态看，产品价位主要为 300 元/晚以下较低端产品，缺乏精品型、主题型高质量民宿产品。现有民宿功能较为单一，局限于住宿和基本的饮食服务。从住宿新业态看，邯郸市场缺乏自助游、自驾游群体的房车营地、帐篷营地等接待设施。

邯郸旅游餐饮资源丰富，部分地方美食具有相当高的市场知名度。但是特色餐饮品牌、休闲美食街区、主题特色餐饮等有待打造，特色美食夜市人气聚集区有待培育。景区附近的餐饮品质需向卫生、精致、养生、土特等方向提升。

邯郸旅游商品资源丰富，在河北省独树一帜。但是邯郸旅游商品的设计创意创新差强人意，包装工艺精品化程度不高，生产销售规模整体偏小，影响力较弱，市场拓展渠道不足，旅游商品还未能发展成为邯郸旅游供应体系中的重要消费项目。

五、邯郸创新旅游发展对策

（一）打造龙头景区与重大文旅项目

围绕太极文化、华夏始祖文化、磁山文化、磁州窑文化、赵文化等高品位、具有垄断优势的优质资源，引进国内、国际一流文旅集团，打造一批文化内涵厚重、对标精品、彰显邯郸特色、具有全国知名度影响力的大型文化旅游产业园区。

根据邯郸历史遗存丰富的独特优势，应着手谋划建设大型文化遗址保护展示项目，以建成国家大遗址保护利用示范区为核心目标，以国家文化公园建设为载体，将邯郸的大历史文化遗址打造成为国家历史文化传承典范区。

应以涉县、武安国家级全域旅游示范区创建成功为契机，继续引领有基础的县区创建省级、国家级全域旅游示范区，全力改善服务水平、基础设施、环境卫生，完善产品体系，丰富旅游业态，创新宣传营销与行业监管，以更好地带动邯郸全市旅游业高质量发展。

（二）培育有重量的行业引领者

为改变行业主体综合实力薄弱、竞争力不足的问题，邯郸应进一步优化行业发展环境，积极扶植培育文旅业的骨干，引进有实力的文旅企业或地产集团带动邯郸文旅资源的整合发展，培育具有上市基础的本土文旅集团。

为了培育一批有活力、有竞争力的市场主体，邯郸不仅应打造大型龙头集团，还应激活小、微文旅企业的造血功能，引导小、微文旅企业走分工明确、专业化鲜明、打造精品与优质服务、差异化特色化的发展路径。

（三）持续推动"旅游+"融合发展

推动旅游业与科学技术相融合，借助互联网、云数据、物联网等技术推动邯郸文旅要素的产业化水平提升及综合实力的显著进步，促进文旅资源的数字化供给的转化率，提高邯郸旅游供应体系的附加值及市场契合度。

邯郸农业游、城镇游发展基础较好，应进一步丰富农业游、城镇游新业态，特别是鼓励建设特色观光农业、休闲农庄、精品民宿、定制农业、众筹农业、新农业牧场、田园综合体及环主城区一小时休闲带等农村城镇游新业态。

大力发展特色体育旅游产业，围绕广府太极金字名片，举办国际杨武式太极拳文化节，将广府古城杨武式太极拳的产业链从观光游向太极研究、培训、赛会及相关保障领域延伸扩大，打造中国北方地区太极产业高地。根据山地多的特点可探索开展山地户外运动、特色康养等特色体育旅游，建设特色体育旅游示范区。

（四）加强精品景区建设

为了改变邯郸景区粗放发展、内涵建设滞后、精品建设乏力的问题，邯郸应引导各大主要景区全力推进标准化建设及各类品质提升项目。首先是加强各景区游览体验设计及设备设施建设。确保娲皇宫、广府古城的5A级高端景区品质，保障武安、涉县全域旅游国家示范区的顺利复核，树立邯郸精品景区与旅游目的地建设运营的典范。推进东太行、一二九师司令部、响堂山5A级景区建设，打造邯郸5A级景区集群，扩大邯郸高品质景区影响力。加强对七步沟、朝阳沟、溢泉湖、京娘湖、丛台公园、太行五指山的品质监管，强化游客满意度提升建设。

将旅游度假区作为推进邯郸旅游业高质量发展的重要载体，打造峰峰响堂山文化旅游度假区、东太行山水旅游区、溢泉湖度假区、永年广府太极圣地度假区，建设一批高质量的旅游度假项目，满足高端休闲度假需求。

（五）加快补齐旅游公共服务短板

首先，针对旅游短板问题，邯郸应加速构建由传统客运枢纽覆盖至景区、主要迎宾大道及全域旅游交通节点的旅游咨询中心，实现旅游服务功能的全域覆盖。

其次，邯郸应按照全域旅游示范区建设要求，优化路网结构，特别是尽快改善邯郸西部太行山区交通条件，提升重要景区的旅游通达度与交通舒适度，积极打造快旅慢游交通体系。此外在快旅慢游交通体系的构建中应同时开展扶贫通道、景观廊道、风景大道建设，使交通路网的旅游功能得到显著提升。

再次，尽快完善邯郸智慧旅游平台建设，重点是要实现游客需求智能化全覆盖，解决信息发布智能化滞后，游客咨询、预定、导览旅游服务不便捷，景区智慧服务与智慧管理数据采集、共享功能不健全等问题。尽快按照既定规划，推出"一部手机游邯郸"App，以满足大众出游的智慧服务需求。

最后，继续推进厕所革命，从制度保障、有效监管、社会自治等方面齐抓共管，确保已有的建设成果不缩水、不降质。继续推进西部山区旅游公厕配置建设与标准化建设。推进邯郸旅游公厕科技应用，提升旅游公厕服务功能。

（六）创新文旅宣传营销模式

为了改变邯郸旅游吸引力及市场号召力过于集中于周边省份、市场集中度偏高的问题，邯郸应创新品牌营销，开展整体营销及实施精准营销策略。应引导市场主体积极创新营销方式，在积极争取主流媒体的宣传报道的基础上，还应增强市场主体的宣传主动性，引导市场主体学会借力自媒体等新媒体方式推广企业品牌，宣传邯郸文旅形象。争取开通邯郸机场至更多优质客源地的航线，利用高铁优势与空中走廊及奖励营销强力拓展华东、华南及东北地区的客源市场，进一步优化邯郸的客源结构。进一步强化京、津、豫、晋原有的市场基础，探索更深层次的宣传营销合作方式，更好地实现市场共建、共享、共赢。

第五节　秦皇岛创新旅游发展研究

一、秦皇岛旅游发展概况

秦皇岛地处河北省东北部，北依燕山，南临渤海，紧邻京津，与辽宁接壤。秦皇岛是我国第一批对外开放城市，具有得天独厚的以海洋为特色的旅游资源优势及地理位置优势。秦皇岛拥有"首批中国批优秀旅游城市""国际旅游名城""中国休闲生态旅游魅力之都""中国十佳宜旅城市""国家智慧试点城市"等城市荣誉。2016年，秦皇岛被评为全域旅游示范区。同年，北戴河被批准设立了国内第一家国家级"生命健康产业创新示范区"。

秦皇岛是自然生态与自然环境良好的滨海城市。长期以来秦皇岛形成了以山海关和北戴河两张王牌为龙头，以长城、滨海、生态为主的产品体系，带动了区域旅游业的发展。2019年，秦皇岛接待国内外游客7262万人次，旅游总收入1014亿元。旅游业是秦皇岛的主导产业、基础产业与首位产业。

二、秦皇岛创新旅游发展现状与问题

（一）秦皇岛旅游发展总体布局

建设一流国际旅游城市是秦皇岛旅游建设的发展目标。为了推进国际一流

旅游目的地建设目标的实现，秦皇岛大力实施供给侧改革，采用"旅游+"发展战略，以国际化为指导，围绕北戴河、长城、滨海休闲等特色资源，以提高旅游品质为契入点，以优化环境、强化基础硬件为保障，在增加全球知名度、优化国际可进入性、营造国际水准休闲体验、增加国际游客重游率等方面重点攻坚，全面打造具备国际吸引力的全域、全季和全业态的旅游产业。

秦皇岛围绕"秦皇山海·康养福地"品牌，现已构建形成了"一环、三片区、六大业态、七组团"布局。"一环"是串接组团的风景廊道，"三片区"是指最美海岸景观片区、山海花田景观片区以及秦皇山谷景观片区，"六大业态"分别是指康体养生、山地生态、海上娱乐、滨海度假、红酒休闲和文化体验六大优势旅游业态，"七组团"是指昌黎葡萄组团、长城文化组团、祖山康养组团、杜庄冰雪组团、欢乐海洋组团、健康城组团、七里海组团。

总体而言，秦皇岛现已确立四季型、多业态、旅游+等多型旅游产业新格局。

（二）秦皇岛旅游发展现状

1. 景区、星级酒店及国家品牌建设

（1）景区建设

截至2020年，秦皇岛共建设A级景区53家，其中5A级景区1家、4A级景区16家、3A级景区22家、2A级景区14家。A级景区总量排名位居全省第7位。

从景区建设类型看，主要包括长城、海滨休闲、现代农业、葡萄酒文化、海上娱乐五大类景区，其中长城与滨海是最主要的两大类旅游吸引物。

从景区发展业态看，A级景区以传统业态为主，新业态较少，旅游产业化程度低，缺乏影响力。

从景区建设发展看，2018年后新创建景区5家，其中新创4A级景区3家，新创3A级景区2家，反映出秦皇岛旅游景区已实现规模化发展，但是内涵提质建设、精品化建设相对迟缓。

（2）星级酒店建设

截至2020年，秦皇岛共有星级酒店36家，其中五星级酒店1家、四星级酒店10家、三星级酒店20家、二星级酒店5家。从酒店星级构成看，基本呈纺锤形分布，以三星级与四星级酒店为主。从客源选择看，星级酒店不是旅游旺季游客住宿首选，星级酒店在秦皇岛旅游住宿接待中首位度不足。从酒店品牌看，均为内资品牌，缺乏国际品牌酒店，这反映出秦皇岛旅游产业国际化程度偏低，与建设国际旅游名城相关要素要求具有一定差距。

（3）国家旅游品牌

2015年，秦皇岛通过国家旅游综合改革试点城市（全国9家，我省1家）建设验收。2016年，秦皇岛市与北戴河区被列入全国首批全域旅游示范区创建单位名录。2020年，秦皇岛被列为全国旅游标准化试点单位。以上国家品牌的创建，为秦皇岛全域旅游高质量发展提供了新的发展平台。

2．旅游资源空间格局

秦皇岛现已形成了滨海旅游功能区、山地森林旅游功能区与历史文化旅游功能区。

滨海旅游功能区为秦皇岛的核心旅游区块，主要分布于东南部沿海区域，主打滨海休闲度假、海洋娱乐产品，其范围东起山海关老龙头，西至滦河口，主要包括北戴河、南戴河海滨区域及滨海文化娱乐设施。

山地森林旅游功能区主要指由长寿山、碣石山、祖山、天马山等燕山北部山地构成的山地森林旅游区。

历史文化旅游功能区主要是指分布于山海关区、海港区和北戴河区的长城文化区、秦皇文化区以及以万国别墅群为代表的近代史文化区，主要分布在山海关区、海港区和北戴河区。

3．港口经济转型发展

秦皇岛港是世界级干散货大港，是中国"北煤南运"主枢纽港，对国家能源安全起着重要的保障作用。秦皇岛港包括东港与西港两个港区。其中东港区以煤、炭、原油等能源物资运输为主，东港码头是中国第一座原油管道运输码头和世界一流的现代化煤炭码头。西港码头则以集装箱与杂货装卸运输为主。

秦皇岛是一座因为港口而发展的城市。在京津冀协同发展和建设世界级城市群、环渤海港口群的国家发展战略背景下，有效地推动了秦皇岛港的变革发展、转型升级,早日将其建成国际旅游港,促进秦皇岛港与城市发展建设的融合,对将秦皇岛建设成为一流的国际海滨休闲度假地至关重要。

推进秦皇岛港转型升级,建设国际旅游港,促进港城深度融合,对建设一流国际旅游城市举足轻重。随着西港新城区、港口旅游、邮轮港口建设相继启动,西港区已成为秦皇岛市建设一流国际旅游港和国际自由贸易港的重要突破口。

建设中的西港新区是秦皇岛建设国际旅游城市的重要突破口。秦皇岛西港新城开发以建成世界级滨海旅游城市为主导,建成后的西港新区将集游艇邮轮、高端国际会展、保税购物、国际高端医疗、临港国际商务金融、国际滨海娱乐、世界级旅游休闲度假等城市发展战略新兴产业于一体,成为京津冀地区新技术、新业态、新模式的示范集聚发展区。

邮轮产业被誉为"漂浮在黄金水道上的黄金产业",邮轮产业带动效应显著,对相关产业的带动能量达到1:10。天津、大连都是中国北方沿海地区著名的邮轮母港,天津更是占据了中国北方地区超过80%的市场份额。河北省是东部沿海省份,海岸线长达487千米,紧邻北京高端客源市场,发展邮轮经济是河北旅游经济转型发展、建设全域旅游示范省和实现全省旅游高质量发展的优质选项。

邮轮码头按服务能力分为邮轮母港、停靠港、航线节点港三种级别。因邮轮母港港口配套建设要求高、服务保障能力强,邮轮停靠时间最长,母港的综合经济收益是停靠港的10~14倍,邮轮产业不仅可以带来数以万计的乘客在这里休闲娱乐、餐饮购物消费,而且可以对区域内的物流、信息流、资金流带来巨大的拉动作用。

为了发展邮轮产业及建设邮轮母港,秦皇岛已确立了邮轮产业发展规划,制定了《秦皇岛市邮轮产业发展规划》和《秦皇岛市休闲船艇产业发展规划》,提出了前期、近期把秦皇岛市港口建设成为"东北亚航线始发港""国际邮轮航线重要停靠港";近期及中期将秦皇岛的西港区打造成为"东北亚重要的具有邮轮、游船等多业态的国际邮轮母港和国际旅游综合体"的建设目标。

秦皇岛制定了与大连、天津邮轮产业错位发展的战略,积极引进国内外知名邮轮集团，积极争取开通国内及日、韩、俄国际邮轮航线，鼓励邮轮研发制造及后勤保障、邮轮停泊、邮轮维修等上下游产业和相关新型业态集聚发展、集群发展。为吸引国际客源，秦皇岛正在积极申请邮轮口岸入境15天免签政策，以简化通关手续，促进邮轮经济发展。

整体而言，秦皇岛邮轮母港建设还处于初步发展阶段，还未实现邮轮停靠及开辟国内国际航线、引进国内国际邮轮集团公司的阶段市场目标，邮轮经济建设任重道远。

4. 旅游综合体带动国际化发展

"十三五"以来，秦皇岛以得天独厚的滨海旅游资源及良好的生态环境为依托，以"旅游+"或"+旅游"方式创新了旅游综合体，丰富了秦皇岛旅游产品结构，提升了秦皇岛旅游吸引力与知名度。

占地3300亩的阿那亚全资源滨海旅游度假综合体社区是秦皇岛一处网红度假综合体。阿那亚是"诗与远方"的代名词，项目坐落于位置相对偏远的南戴河黄金海岸，是中国北方一线亲海的全资源玩家胜地。

阿那亚属于创新型海边文化艺术休闲度假社区，为人们营造了一种开放、多元、面向未来的生活氛围，孤独图书馆和阿那亚礼堂是其标志性景观。阿那亚让生活在这里的人们感受到了心灵的契合和归属。由于独特的场景记忆创意及深度社区模式运营，阿那亚深受北京、天津高端客源的认可，阿那亚占据了北戴河度假市场50%的份额。

悦榕集团是世界顶级的旅游度假村、酒店及水疗中心营运商，是全球奢华、高端品牌典范。悦榕庄度假酒店综合体项目位于北戴河新区沙雕海洋乐园南侧，占地190亩，建设有悦榕集团旗下的悦榕、悦椿、悦苑、悦椿四个品牌酒店。该旅游综合体是悦榕集团全系品牌同时运营的全世界唯一度假区。悦榕品牌酒店客群定位是重亲密感、隐私的两人世界的用户。悦椿品牌酒店客群定位为活力族群、亲子市场。悦椿公寓酒店定位介于酒店及公寓之间，客群多为年轻家庭、情侣和好友客群。悦苑品牌酒店以高科技服务为特色，定位于钟情科技和社交的新生代用户。悦榕庄度假酒店综合体项目将建设室内滑雪场和大型温泉 SPA 等多个业态配套，四季运营，打破了北戴河暑期旅游的瓶颈。

秦皇岛奥特莱斯项目位于北戴河新区赤洋口片区，近滨海新大道与赤洋路。秦皇岛奥特莱斯是河北省重点旅游项目，旨在构建秦皇岛滨海区域最具特色的集享受生态休闲旅游、感受世界异国风情、世界名品购物、体验奢侈品文化于一体的国际化高端城市休闲综合体。该项目占地71.8万平方米，主要包括奥莱商业街、五星级养生酒店、乐图空间、旅游度假用房、康养医疗体验中心和康复中心等板块。

以上综合体项目的落地，是秦皇岛推进全域旅游建设、引进高端度假酒店集群、构建国际化休闲综合体、打造"国际海滨度假地"和"国际化旅游城市"的重要举措。

5．其他旅游新业态

（1）旅游+康养

随着大众生活水平的提升及对美好生活的向往，康养产业市场需求日益增加。早在2016年康养产业就被认定为河北省主导产业之一。

秦皇岛康养旅游资源禀赋好，背靠燕山面对渤海，海滨地带负氧离子含量高，气候宜居，为闻名中外的海滨避暑度假胜地，被誉为"夏都"。北戴河海滨拥有为数众多的疗养院，设备设施齐全，康养接待经验丰富。秦皇岛是东北连接华北的交通枢纽，紧邻北京、天津、辽宁，已经与北京、天津实现了一小时高铁直达，康养需求旺盛。

2017年，秦皇岛结合自身优势提出大力发展康养旅游产业。发展康养旅游对于丰富秦皇岛旅游产品结构、挖掘优势资源价值、促进全域旅游、拓展旅游空间、带动全季旅游、促进秦皇岛旅游产业高质量发展具有重要意义。

"十三五"以来，秦皇岛康养产业业态涉及养生、医疗、运动、观光、休闲、娱乐等多种形式，重点打造了北戴河新区生命健康产业园、国际康养旅游中心、中保绿都心乐园、金士红酒养疗庄园、渔岛海洋温泉等精品旅游项目。北戴河新区生命健康示范区承接北京医疗、科技等非首都功能疏解，集健康产业新业态、新产品、新技术于一体。示范区的建成是秦皇岛构建国际化、高端化、现代化的"医、药、养、健、游"一体化生命健康产业集群，建设高端医疗服务聚集区及国际健康旅游目的地的标志性发展成果，"南有海南岛，北有秦皇岛"的高端康养产业发展格局已经形成。

但是不可否认的是，秦皇岛康养产业在发展过程中存在淡旺季明显，康养产业发展规划与旅游产业发展规划匹配度不高，配套设施制约因素突出，康养产品大众化、低端化，缺乏精品，竞争力不足等问题。

（2）旅游+红酒

秦皇岛已有400余年的葡萄种植历史，是中国著名的葡萄之乡。秦皇岛位于世界公认的酿酒葡萄黄金产地，中国第一瓶干红葡萄酒就诞生在秦皇岛，所产干红葡萄酒产量占据市场份额的三分之一。秦皇岛建立了葡萄酒产业聚集区管委会，昌黎是干红葡萄酒产业的集聚地，并获得了"葡萄酒国家地理标志产品"保护区认证。昌黎已成为秦皇岛"红酒+旅游"融合发展新业态的发展高地。

中粮华夏长城葡萄酒集团是全国知名的干红葡萄酒企业，拥有诸多业内第一的领先优势，拥有亚洲第一大酒窖、红酒博物馆、文化体验中心、红酒精品车间、品鉴中心、康养中心、晾甲湖以及优质葡萄园示范基地，是国家4A级旅游区级首批全国工业旅游示范点。

华夏颐养众享庄园是华夏长城"产业+旅游"转型升级的重点项目，是"碣石国家公园"干红小镇的重点项目。项目集葡萄酒酿造、展示、休闲、度假、销售、会展、培训等多功能于一体，以清楚表达品种特征、人文特征、风土特征为着眼点，将华夏打造成了国际化高端红酒品鉴体验示范区、新工业旅游试验创新区以及葡萄酒营销微中心。该项目的建成有力地促进了秦皇岛葡萄酒产业的升级提质与创新发展。

秦皇岛红酒旅游在取得长足发展进步的同时，也存在一些问题，诸如：第一，红酒旅游基本集中于夏秋季节，春冬季节室外观赏效果不足，而室内旅游项目吸引力不足以形成规模吸引力。第二，红酒旅游因其季节性特点，导致景区服务人员临时用工较多，缺乏专业培训及服务意识，不能满足中高端游客需求，降低了游客的旅游体验。第三，秦皇岛干红葡萄酒旅游产业缺乏形象整合，形象识别度偏低。第四，产品文化内涵挖掘不够，同质化竞争激烈。现有红酒旅游产品缺乏对昌黎及秦皇岛美食文化、民俗文化的整合设计包装，与消费者对"美酒+美食"的本底认知不匹配，不能满足游客的基本认知需求。第五，葡萄酒旅游市场相较规模较小，缺乏市场影响力，未能产生相应的综合效应。第六，当前昌黎葡萄酒旅游产业发展因缺乏统一的行业标准而处于自发管理运营阶段，制约了葡萄酒旅游的升级发展。

（3）旅游+生态

秦皇岛拥有海、山、地质、湿地、温泉、沙漠等生态类旅游资源，生态旅游是秦皇岛发展较为成熟的旅游业态。秦皇岛现已构建了六类生态旅游产品群，分别是沿海生态旅游产品，主要涉及观海、听涛、踏浪、游海等活动；长城沿线生态旅游群，主要涉及山海关、抚宁、卢龙等地长城沿线生态旅游资源分布区；生态康养旅游资源，主要涉及温暖湿润的海洋气候、优良的天气条件及温泉类生态资源；森林生态旅游产品，主要涉及祖山、角山、碣石山等开发的森林休闲、森林健身、森林科考等生态产品；湿地湖泊生态旅游产品，主要涉及北戴河沿海湿地、七里海潟湖湿地、滦河口湿地和黄金海岩湿地等湖泊与沼泽；地质类生态旅游资源，主要指秦皇岛柳江国家地质公园，适合开展地质实习和向公众普及地球科学知识。

近年来，围绕"建设京津冀城市群生态标兵城市"的目标，秦皇岛生态环境得到持续改善与提升。主要表现为全市空气环境质量持续改善，优良等次天气明显增多，蓝天白云已成常态；北戴河海水浴场水质全部达到一类海水水质标准，是全国少有的优质海水浴场；162.7千米海岸线分布着滨海、长城、湿地、森林、湖泊等高品位旅游资源，形成了中国北方地区最美海岸线；依托"最美海岸线"，推出了海滨休闲度假、观鸟摄影、冰海览胜、温泉养生等多种精品旅游线路；实施了山体生态修复项目，2018年秦皇岛将栖云山5000亩荒山生态修复完工；大手笔的生态保护与提升对秦皇岛延长旅游产业链条、丰富旅游产品供给、呈现旅游新体验、打造全域旅游意义重大。

生态旅游是一种可持续旅游发展模式，相较于大众旅游更强调对自然和文化的原生态保护，生态旅游开展的重要目的之一是要对旅游者开展生态保护教育，生态旅游者消费水平高于大众旅游，是较高层次的旅游体验活动。

目前秦皇岛生态旅游建设发展主要存在如下问题：第一，将生态旅游简单地等同于大众旅游，以接待规模和经济效益为主要评价依据，致使自然与文化的原真性遭受破坏；第二，生态旅游项目建设及运营过程中缺乏对旅游者的生态保护宣讲与教育，与发展生态旅游的核心目标不符；第三，秦皇岛现有生态旅游项目同质化现象突出，在一定程度上降低了对游客的吸引力，造成了资金投入的浪费及项目之间的恶性竞争；第四，秦皇岛生态旅游季节性问题仍未得到有效解决，游客在景区的适游季节短而集中，景区运营成本高，效益低。

（4）长城国家文化公园

秦皇岛是长城资源重要分布区，尤以山海关、老龙头为代表。秦皇岛明长城东起山海关老龙头，经天下第一关，从角山进入燕山山脉，至青龙满族自治县城子岭口，全长223.1千米，贯穿秦皇岛市东西全境。

2019年年底，国家发布《长城、大运河、长征国家文化公园建设方案》，河北省被确定为长城国家文化公园先行先试重点建设区。建设方案发布后，秦皇岛全力推进区内长城国家文化公园建设，共推出33个重点项目，涉及长城国家文化公园形象标志设计、长城风景道建设、长城文化精品线路推广、智慧化长城产品研发等方面。

当前，秦皇岛在长城国家文化公园建设中主要存在以下问题：第一，长城文化精品景区建设文化内涵阐述表达创意应有所突破，应力求不走寻常路，另辟新路，开展创意新表达，以创新守正打开市场流量的大门；第二，长城国家文化公园建设中对长城所在地周边依存环境所作的整体设计保护还不够扎实；第三，长城主题特色旅游线路设计没有将沿线森林、民俗、非遗及其他旅游新业态整合设计成能充分展示秦皇岛青山碧水、历史厚重、生态绝佳的代表性经典线路；第四，智慧化长城文化产品在精准服务、便捷易用、高效智能方面还有较大提升空间；第五，如何将长城沿线国家级文化资源的游览价值或体验价值准确地展示出来是长城国家文化公园建设亟待解决的问题；第六，长城国家文化公园在建设时对辐射带动功能设计不足，现已建成的部分重点项目的外溢辐射效应不明显；第七，长城文化创意展示与传统乡土文化还没有找到合适的契合展示方法；第八，秦皇岛境内长城长达 200 余千米，长城国家文化公园建设涉及全国 15 个省区，如何彰显河北特色、表达秦皇岛文化、避免同质化建设是秦皇岛在推进长城国家文化公园建设中需要重点关注的问题之一。

三、秦皇岛创新旅游发展对策

（一）构建滨海康养休闲度假品牌

秦皇岛应以现有全域旅游产业分布为基础，以构建全域旅游立体化交通体系为支撑，以海滨度假与康养休闲资源为龙头核心吸引物，以新业态为侧翼，构建秦皇岛全域旅游产品供应体系。

以建设"海滨康养休闲度假胜地"为全域旅游未来发展方向，通过传统与创新方式相结合的路径对秦皇岛独具特色的滨海山地生态康养资源进行高端化、智能化、差异化、特色化、生活化、场景化、浸入式开发打造，以期早日形成"南有海南岛，北有秦皇岛"的滨海康养休闲度假品牌。

（二）创新旅游公共服务体系

秦皇岛应进一步优化旅游公共服务体系：第一，进一步提升可进入性，一方面加强交通主干道建设，提高通行能力；另一方面将主要景区附近的毛细交通支网建设作适应自助自驾交通需求的功能设计。第二，完善秦皇岛智慧旅游平台建设，在智能服务的便利、效率、互动性功能建设方面应进一步提升体验度，充分利用 5G 技术，构建平台+个性化智能服务产品，增加游客满意度。第三，加强对火车站、机场、长途汽车站及停车场管理，主要是建设良好的市场秩序，配备完善的对客服务设施，展示良好的场地风貌，强化细节管理，为游客提供高满意度的抵达及返程服务。第四，主要旅游区应营造良好的滨海休闲度假氛围，在建筑外墙设色、园林绿化、城市小品、导览指示等方面进行国际化景观设计。第五，为更好地服务散客休闲度假消费者，秦皇岛应进一步完善和提升旅游咨询体系、游客集散中心及自驾游服务体系建设，主要加强服务供给的及时性、便捷性、保障性建设。

（三）全力提升产业素质

秦皇岛属于典型的旅游目的地城市，食、住、行、游、购、娱产业要素服务能力建设对旅游目的地游客体验度评价至关重要。

秦皇岛应坚持不懈地严管消费安全。第一，确保食品安全，在旅游接待区、游客集中区推行"明厨亮灶"与分级管理，杜绝无证经营，严把准入关，对诚信经营、防止价格欺诈要作重点监管。全力提升餐饮供应品质，推荐秦皇岛旅游网红打卡美食，推荐秦皇岛特色美食，打造秦皇岛美食城的品牌形象。

第二，要通过加盟连锁、品牌连号、委托管理、直营等方式加快对国际酒店品牌的引进力度，要推进本土高星级酒店建设布点，提升原有涉外度假村、疗养院硬件配套建设水平，以满足秦皇岛国际化休闲度假旅游目的地建设需要。鼓励滨海休闲度假精品酒店和民宿、民俗客栈建设，引导旅游酒店客栈守法经营，全面提升滨海风情浓郁的秦皇岛住宿品质。

第三，要下决心借助科技创新智慧导航解决景区可进入性体验度差的问题，特别是限行路线多、停车难、停车贵、租车难、共享单车租车贵、使用不便利等问题，不能只盯着停车场、共享单车带来的经济收入，而应将其置于全域旅游大框架之下，以提升游客体验度为重点保障目标，以部分收入的减少带动秦皇岛旅游经济大的发展。

第四，以精品化、国际化为标准全面提升景区景点品质建设，加强游览步道、景区智能导览、景观景点、游客咨询、游客游憩区、旅游公厕、景区停车场建设，严管外包创收项目，加强景区工作人员服务品质培训。

第五，打造旅游诚信消费示范区，构建30天无理由退货保障体系，梳理秦皇岛特色旅游商品，推出"秦皇岛有礼"的市场形象，全面提升"购"的品质。

（四）加快旅游融合发展，全力缓解淡季需求不足问题

秦皇岛应直视淡旺季分明、淡季需求不足的顽疾。解决的路径为：第一，整合现有产品结构，将冬季适游的冰雪游、温泉游、文化游、邮轮游、工业游等进行整体设计，形成有吸引力的淡季旅游产品供应体系，推出适合淡季旅游

的精品旅游线路，特别是要设计出适宜淡季大众旅游的线路产品；第二，对原有旺季旅游吸引物适游性进行深度挖掘，对淡季旅游吸引力进行产品化设计，特别是长城游、观海游、乡村游等文化类体验活动；第三，重视发展淡季会展、商务、培训、团建等规模型旅游，带动秦皇岛冬季旅游人气；第四，利用智慧平台、互联网、物联网技术，精准化分析秦皇岛四季旅游运行情况，寻找淡季旅游突破口；第五，下大力气作好秦皇岛淡季旅游促销，构建秦皇岛淡季旅游品牌形象，增加消费者淡季游的适游识别度。

第六节　唐山创新旅游发展研究

一、唐山旅游发展概况

唐山市位于河北省东部，南临渤海，北依燕山，是河北省三个沿海城市之一。唐山自然旅游资源多样，海、山、岛、湖、湿地俱全；人文资源丰富，世界文化遗产、全国工业旅游示范点、国家工业遗产旅游基地、国家红色旅游经典景区、国家级非物质文化遗产富集。唐山是中国优秀旅游城市、国家园林城市、中国特色魅力城市，迁西、迁安、遵化被评为国家全域旅游示范创建单位，唐山市2017年被列入河北省全域旅游示范区建设名单。

唐山市2019年共接待海内外游客7860万人，旅游收入906亿元，旅游总收入全省第七。全市共有A级景区49家，其中5A级景区1家、4A级景区13家；各类法人旅行社176家；星级酒店39家，其中五星级酒店2家、四星级酒店10家。

唐山市旅游业发展已经由规模型发展进入潜力释放、高质量发展、全域旅游示范区创建的关键时期。

二、唐山创新旅游发展现状与问题

（一）工业旅游

唐山是一座具有百余年历史的工业名城，是"中国煤炭工业源头"和"中国近代工业的摇篮"。百余年的辉煌工业史创造了独特的工业文明，为唐山开发工业旅游奠定了坚实的、独具特色的资源优势。

近年来，唐山工业旅游发展一马当先、异军突起，已发展成为唐山旅游高质量发展的重要抓手与切入点。唐山现已建成国家级工业旅游示范点7家、国家工业遗产旅游基地1家（全国仅10家，河北唯一1家）、河北省工业旅游示范点3家。

唐山工业旅游发展模式为"工业遗存+文化产业+生态修复+城市联动开发"。工业旅游发展路径为建设组团式的工业旅游产业集群，创建以各类文化创意产业园、工业主题博物馆为主的工业旅游业态。

唐山现已建立以博物馆群落为发展模式的开滦国家矿山公园产品集群；以工业博览旅游+文化创意为发展模式的启新1889工业旅游区；以多业态融合发展为特色模式的唐山陶瓷文化创意产业园。

唐山工业旅游发展走在了河北省前列，是全国知名工业旅游目的地，其工业旅游发展模式为全国工业城市培育工业旅游、壮大工业旅游产业、打造特色工业旅游品牌提供了宝贵的经验积累。

唐山工业旅游发展在取得瞩目成就的同时也存在一些亟须解决的问题。

首先，工业旅游城市定位不清晰。唐山最具特色、最具垄断优势、资源最丰富、业态最完善、最具集群效应的就是工业旅游。工业旅游理应是唐山旅游第一名片。但是从当前唐山旅游形象设定及推广看，因工业城市常与环境污染相伴，因此唐山刻意回避了工业旅游城市的品牌定位。工业旅游城市定位符合唐山实际情况，工业旅游不仅包括工业遗产，工业记忆更可以包装设计为融现代化高科技、文创、休闲、科普、时尚、景观于一体的与众不同、特色鲜明、体验独到的旅游新业态。因此唐山应转变思路，重新审视工业旅游发展定位，以工业旅游带动中国现代工业旅游名城的品牌塑造。

其次，工业旅游产业规模大，但市场占有率低。唐山工业旅游产业规模大，发展基础好，现有产品结构也较为丰富，但是从旅游影响看，优势资源、垄断资源并未转化为市场认知度的提升与客源转化率的提升。2019年，全市接待游客7860万人次，旅游收入906亿元，其中工业旅游接待游客数量400万人次，收入 38.7 亿元，占全市接待人次的 5%，占全市旅游收入的 4.3%。从以上数据看，唐山工业旅游发展叫好不叫座，市场影响力低，工业旅游对唐山旅游业市场拓展贡献偏低，目前在唐山旅游业发展中处于依附地位。

再次，客源群体较窄，游览普适度偏低，重游率低。唐山工业旅游主要客源群体中普通观光客较少，主要以青年研学学生群体、商务考察、技术交流等客源为主，重游率低，工业旅游产品受众普适度较为局限。客源组织渠道较少，缺乏旅行代理商渠道，客源市场拓展空间窄。由于多数工业游主体发展工业旅游的目的是宣传企业品牌，提高企业知名度与扩大社会影响力，并非以此作为重要的直接创收板块，故在客源市场化开发方面明显投入不足。

最后，工业旅游专业人才不足。工业旅游不同于一般的观光游览，其更突出知识性与科技含量，工业旅游侧重于现场感、体验感，因此工业旅游发展更加依赖专业人才。当前唐山工业旅游运营管理专业人才匮乏，各参观点基本上是按照普通参观型博物馆观光游的模式开发工业旅游，而在现场互动、展陈设计等工业旅游特色属性表现与参与体验的设计方面明显不足。产品不能体现工业资源特色，企业文化、产品文化不能有效融入旅游体验过程。可赏、可知、可玩、可购、可品的工业旅游运营业态发展目标任重道远。

（二）世界文化遗产

唐山现有清东陵、长城两项世界文化遗产地。清东陵为明清皇家陵寝组成项目，长城为中国长城组成项目。

1. 清东陵

清东陵位于唐山遵化马兰峪，是我国现存规模最大、体系最完整、布局最完善的清代皇家陵寝建筑群。清东陵 2000 年被联合国教科文组织列入世界文化遗产名录，2015 年晋升为国家 5A 级景区，清东陵是唐山最具知名度景区。

当前清东陵的主要游览项目为静态的文物观光游，同时在节假日也会举办清代皇家祭陵文化展演主题实景演出以丰富清东陵的旅游体验，游览时间以半日为主。清东陵主要客源为京津、秦皇岛及东三省游客。

唐山市区距遵化 80 千米，高速公路车程约需 1 个小时。虽然清东陵为世界文化遗产项目，但是因距北京较近，昌平明十三陵对游客更具吸引力，且明十三陵与八达岭长城组成的旅游线路是世界闻名的经典世遗旅游线路，因此其对唐山清东陵的市场替代效应明显。

从景区风貌保护看，陵区原有历史村落建设管理缺乏统一规划，现代化的村容村貌与清东陵风貌冲突明显，景区周边的村庄、河道、公路沿线"脏、乱、差"现象突出，极大地破坏了清东陵的历史风貌，影响了文物保护和游客体验。

当前清东陵旅游链条不完善，主要表现为用餐、住宿设施选址不合理，接待功能简陋、缺乏特色，餐饮住宿产品以农家乐等低端产品为主，难以满足游客多样化的体验需求。

清东陵智慧景区建设也存在诸多亟须解决的问题：首先，景区智慧旅游系统建设标准低，服务功能设置不完善，网上咨询、预定、支付、验票、导览、讲解、投诉、客流引导等功能未能实现一站式服务运营，致使景区智慧化建设不落地。其次，清东陵面积多达 80 平方千米，点多面大，当前智慧旅游服务系统覆盖盲点较多，使用较为受限。再次，清东陵景区前端信息化系统配置不完善，数据采集能力不足，数据监测准确性较差，智慧管理不能为景区运营提供精准数据支撑，对景区市场开发、管理、服务保障等分析研判支持度不足。

2. 长城

河北省现有长城 2498 千米，资源数量众多，全国排名第二。唐山境内分布有长城 200 千米，青山关、潘家口、白羊峪为其典型代表城段。唐山长城沿线民风古朴，掌故传说丰富，是唐山旅游的精品。唐山明长城青山关段、明长城喜峰口段入选第一批国家级长城重要点段名单，白羊峪长城被评为国家 4A 级旅游区。

唐山段长城是京东长城的主体，长城国家文化公园的建设为唐山长城旅游资源的保护开发提供了新的历史契机。

唐山京东长城缺乏知名度，与八达岭、居庸关、慕田峪、古北口等北京长城市场号召力差距巨大。当前唐山长城未能树立与北京长城差异化的品牌是唐山长城旅游保护开发的最主要问题。

唐山现有长城旅游产品主要包括遗址原貌展示和整合相关资源开发展示两种形式,且主要以观光旅游为主。

当前唐山长城旅游发展还存在如下问题:第一,长城沿线传统民俗文化旅游资源与长城本体旅游发展融合度不高,长城资源活化展示不足。第二,因为唐山长城主要以遗址遗迹为主,残破段长城占比较大,因此不适合开展以长城本体为主的旅游活动,而更适宜开展以长城为轴线串接周边沿线自然山水为主的旅游活动,但是就目前开发情况来看,唐山京东长城燕山山水游产品显然未能有效整合、深度开发。第三,因长城主要分布区为山区,迁西、迁安、遵化等地,部分长城分布区交通不便、通达性较差,应适时修建京东长城旅游公路,解决长城游交通瓶颈;完善京东长城休闲游憩设施配套建设,应尽快加强旅游廊道、旅游骑行公路、游客集散中心建设。第四,应借助大数据技术,利用短视频、微信公众号等新媒体,加大对唐山京东长城的宣传推广力度。

(三)红色旅游

唐山红色旅游资源丰富,土地革命、抗日战争、解放战争、新中国建设时期给唐山留下了数量众多、内涵丰富的红色遗产,尤以李大钊故居和纪念馆、丰润潘家峪惨案遗址、喜峰口抗战旧址、抗震纪念碑及纪念馆最具代表性和影响力。现已形成"唐山抗震精神","弘扬大钊精神,赓续红色血脉","冀东抗战精神","当代愚公精神""穷棒子精神","弘扬长城抗战精神,传承红色基因","特别能战斗精神","潘家戴庄惨案纪念馆爱国主义教育"7条党史学习教育主题参观线路。

唐山红色旅游发展主要存在如下问题:首先,红色旅游精品匮乏,唐山现有53家A级景区,其中4A级以上景区17家。红色旅游景区中乐亭李大钊故居纪念馆为4A级景区,抗震纪念馆为3A级景区,丰润区潘家峪惨案纪念馆为2A级景区。由此可以看出,唐山红色旅游景区精品化建设投入不足,红色精品旅游景区稀缺。其次,唐山红色旅游资源丰富,但是品牌形象不鲜明,现有"建党先驱,革命火种"作为红色主题是合适的,但是如果作为唐山红色旅游形象则略显模糊，不够精准，"大钊故里"更为合适。最后，唐山现有红色景区体量偏小，缺乏大景区，红色景点与周边旅游资源整合不足，旅游功能偏弱，对游客吸引力不足。

（四）节事旅游

河北省不是会展节事旅游大省，顶级会展活动极为有限。多年来唐山市GDP一直处于河北省首位，经济实力较为雄厚，是河北省四个会展业重点城市之一，唐山市年度会展承办数量一直位居河北省第一梯队。世界园艺博览会、唐山中国陶瓷博览会、中国评剧艺术节等已成为唐山的标志性、品牌性会展项目。

从唐山会展业发展态势来看，应着重关注解决如下问题：首先，会展场馆规模小，数量少。4万平方米以上的专业会展场馆仅有南湖国际会展中心1家。其次，会展产业链不完善，展台设计、展台搭建、招展策展业态和行业专才较少。最后，有影响力品牌会展数量偏少，常态有影响力的会展品牌只有陶博会和中国评剧艺术节，与石家庄、廊坊相比还有较大差距，整体竞争力较弱。

（五）旅游新业态

近年来，唐山在发展传统旅游业态的同时也在深入挖掘市场需求，大力培育旅游新业态，并取得了一些标志性成果。主要包括以发展特色农旅小镇、休闲农场、美丽田园、精品民宿、田园综合体等方式大力培育乡村旅游新业态；以工业博物馆、名人故居、世界遗产、红色景区为依托，积极培育研学旅游新业态；以国际马拉松、国际沙滩足球赛、房车大会、电竞大赛、低空旅游等方式打造体育休闲新业态；以旅游特色街区、旅游演艺、购物旅游基地建设促进全域旅游要素供给的完善。

唐山旅游新业态发展主要存在如下问题：

第一，科技创新是旅游新业态行稳致远发展的关键核心因素，当前唐山在新农业旅游、新工业旅游、研学旅游等新业态开发中科技元素较少，科技与创意手段层次低，缺乏吸引力与竞争力。

第二，部分业态产品主题雷同，没有特色，缺乏创意、差异性与体验性，观赏效果、旅游体验相似，一方面导致了客源分散竞争加剧，另一方面造成了游客审美疲劳。

第三，旅游新业态时空覆盖应适度扩大。唐山应在春、夏、秋、冬四季融合，日、夜、城、乡四间融合，景区、园区、街区、社区四区融合方面深度挖掘旅游新业态，拓展新业态发展的时空。

（六）全域旅游

唐山于 2017 年被列入省级全域旅游示范市创建名单。为了推动全域旅游高质量发展，唐山制定了相关总体规划，发布了实施意见，将玉田、滦州、乐亭、滦南、丰润、路南、丰南、路北、曹妃甸、唐山湾国际旅游岛列为唐山市全域旅游示范区创建单位。截至 2020 年，唐山已经建成迁安、迁西、遵化三个国家级全域旅游示范区。

唐山市按照"全地域覆盖、全景化打造、全领域互动、全产业融合、全社会参与"的原则，整合唐山旅游资源，全力提升旅游公共服务设施和基础设施升级改造，优化全域空间布局，培育核心文旅产品，创立了"唐山周末"全域旅游品牌，全力打造京津冀辐射东三省的区域性休闲旅游目的地。

唐山全域旅游示范市的创建应着力解决如下问题：

第一，唐山属于非传统性旅游城市，因此其全域旅游示范市创建既要突出旅游属性，又要强调服务本地居民的属性，即唐山市的全域旅游应突出主客共享空间的营造。但是当前唐山全域旅游在创建中对当地居民与游客的共享需求考虑不充分，"旅游+生活"的融合度有待进一步深化。

第二，唐山应着力改善工业城市本底印象对旅游消费市场的抑制效应，科学整合现有垄断性优势资源，创立代表唐山特色的旅游品牌与市场形象。

第三，唐山市为河北省重要的沿海城市，同时也是环渤海区域重要的节点城市，但是与同处渤海圈的省内秦皇岛、省外大连等城市的旅游业发展相比，竞争力明显不足。

第四，虽然唐山已构筑了海陆空一体化的立体交通网络，但是与主要客源地的交通瓶颈因素未得到根本改善，主要是便捷直达省时的交通服务欠缺。

第五，唐山全域旅游缺乏令游客眼前一亮、既叫好又上座、市场知名度高、竞争力强的核心与龙头产品，整体上看旅游产业业态发展水平偏低，精品、优品、特品数量不足。

三、唐山创新旅游发展格局构想

（一）京东长城休闲度假旅游带

以国家全域旅游示范区迁西、迁安、遵化为基础，以分布于三地的长城为轴线，充分调动此三地的特色人文与自然山水资源，打破行政壁垒，统筹资源整合，打造河北省内第一座跨区域国家全域旅游示范区——京东长城休闲度假旅游带。

京东长城山水休闲度假旅游带主要将长城与世界遗产、乡村休闲度假、山地生态、红色文化、特色农业、民俗文化等资源作叠加组合。

该区域的核心资源包括白羊峪大理石长城、喜峰口长城及抗战旧址、清东陵。可以将上述资源作为京东长城休闲度假旅游带的带动增长极。该区域的燕山滦河、满族风情、唐山皮影、中国栗乡、汤泉小镇、水库湿地、航天育种、花香果巷、美丽乡村、露营小镇为特色吸引物。

（二）国际工业旅游名城

工业旅游是唐山独具垄断优势的旅游资源，建设国际工业旅游名城是唐山特色旅游的发展目标。唐山应以主城区为核心，以中国工业百年变迁为时间轴，将分布于市内的开滦国家矿山公园、启新1889水泥博物馆、中国唐山陶瓷博物馆、中国（唐山）工业博物馆、唐山南湖公园等工业博物馆群、园区集聚区做强做大，特别是提升场馆设计的年代感、代入感、科技感、创意感，提升工业旅游展示项目的旅游功能建设，展陈技术、观赏效果、体验互动、文创设计等尤为关键。

（三）唐山湾国际旅游岛

唐山湾国际旅游岛以打造全国生态文明建设示范区和世界一流海岛休闲

度假旅游目的地为发展目标。

唐山湾国际旅游岛产业方向设定为滨海休闲度假、私人游艇、商务会展、文化体育产业、旅游房地产、养老养生产业。国际旅游岛品牌体系包括国际情侣度假基地、国际海水温泉基地、国际养生养老基地、国际游艇保税基地、国际海岛高尔夫基地、国际海钓基地、国际佛教文化交流基地、国际民俗故事观览基地、国际商务会奖基地。

唐山湾国际旅游岛应坚持国际化休闲度假发展方向，着重作好国际化与休闲度假属性建设。第一，应做好基础配套设施改善提升工作，确保国际旅游岛具备便捷化、功能化、网络化的海岛基础设施体系，主要包括休闲度假宾馆、酒店、度假村、码头、岛内交通、通信、水电配套建设。第二，应围绕国际公认的休闲度假项目作产业开发市场培育，主要包括水上运动、高尔夫球、游艇及海滨休闲度假。发展相关项目时应与秦皇岛作好错位发展。第三，应构建国际拓展渠道，利用大数据作好市场调研，找好市场定位，作好市场细分，精准瞄准国际市场，作好品牌推广，吸引国际客源。第四，应积极推进唐山湾国际旅游岛5A级景区建设，以创建5A级景区为契机，高起点作好邮轮游艇码头、滨海景观大道、海上度假运动中心、国际会展中心、国际高尔夫会所、康养综合体、保税区免税店建设。第五，目前唐山湾知名度低，影响力弱，综合吸引力同秦皇岛北戴河及大连差距极大。唐山湾国际旅游岛应利用开发晚、景观新、条件好的优势作好京津冀及周边客源市场的开发，特别是唐山本地及周边客源市场的拓展，把唐山湾的人气做旺做强，为创建5A景区及拓展国际客源奠定市场基础。

（四）大钊故里红色圣地

唐山乐亭大黑坨村是中国共产党创始人李大钊故居所在地，李大钊故居及纪念馆是唐山最具旅游IP价值的红色品牌。因此，唐山市应借助这一独有红色资源，下大力气作好景区规划建设，以大钊故居为核心，将大黑坨村打造成为景村合一的红色圣地美丽乡村大景区。筹建创党先驱纪念馆、大钊精神传承中心、省级党员党性教育培训基地，增加体验参观项目，适度扩大核心景区规模。按照 5A 级景区景观设计要求，作好景观美化提升，特别是红色圣地氛围景观营造、绿化小品提升等。完善游客服务中心、智慧景区、停车场等旅游接待基础设施建设。作好旅游住宿、旅游餐饮、旅游购物等旅游服务产业链建设。

（五）曹妃甸生态观鸟湿地

曹妃甸湿地是省级湿地、鸟类自然保护区及国家 4A 级旅游区。曹妃甸湿地是中国北方最大的湿地，拥有亚洲最好的偏硅酸锶温泉，307 种鸟类在此生息繁衍，是全球 8 条候鸟迁飞路线之一——东亚—澳大利西亚一线上的关键性鸟类栖息地。

曹妃甸旅游资源丰富，现已建成了渤海国际会议中心、万亩曹妃湖、曹妃湖体育公园、温泉会馆、慧矩文化创意产业园、多玛乐园等旅游接待服务设施。曹妃甸湿地景区已经发展成为环京津休闲旅游度假带上的重要节点。

曹妃甸湿地主要功能是生态涵养，因此曹妃甸在旅游开发中首先务必坚持保护为先的开发原则，严格按照自然保护核心区、缓冲区、实验区的管理要求做好保护区的管护工作。杜绝保护区的无序、无度开发，特别是养殖种植业的无序发展。避免出现生态破坏、生物种群毁灭、湿地萎缩、外来物种入侵等不可逆的损失。其次，应根据湿地生态及国际观鸟胜地的特点科学设计曹妃甸旅游形象，完善曹妃甸旅游基础设施，提升旅游接待服务设施服务品质，大力拓展研学科普、观鸟、湿地等客源市场。最后，应克服阻碍自然保护区与经济发展共生共存的矛盾问题，积极申请申报国家级自然保护区。

（六）滦河文化产业园区

滦河文化旅游产业区是省级文化旅游产业聚集区，以主题公园、游艇俱乐部、创意总部、艺术家部落等为主要产业集聚元素。

滦河文化产业园区应着手推进以下工作：第一，作好滦河两岸的规划设计，特别是滦河右岸的功能设置与景观设计，确保两岸景观的协调性与功能的匹配性；第二，作好园区产业发展规划，为园区发展精准产业定位，明确河岸岛屿服务功能，设定建设周期目标；第三，切实解决园区内项目少、体量小、影响弱的发展现状，作好高质量项目引进，瞄准绿色高端产业项目，把园区打造成为文化产业高端集聚区；第四，尽快完善水厂、污水厂、管网等基础设施建设和公共服务设施建设，优化产业发展环境；第五，作好园区景观设计与绿化建设，集聚生态效应，提升景观效果，营造艺术效果；第六，以滦州古城为抓手，利用其知名度大力推荐宣传滦河文化产业园，助力产业园发展。

第七节　邢台创新旅游发展研究

一、邢台旅游发展概述

邢台位于河北省南部地区，北邻省会石家庄，南邻历史文化名城邯郸，西与山西相邻，东与山东相望。邢台有3500年建城史，是河北省最古老的城市，被誉为"燕赵第一城"，2005年被评为河北省历史文化名城。邢台旅游资源丰富，自然资源以太行山水为主，人文资源以历史名人、太行古村落及非物质文化遗产为主。邢台以"守敬故里，太行山最绿的地方"统领全域旅游发展品牌形象。截至2020年，邢台共建有A级景区46家，全省排名第四，其中4A级景区14家、3A级景区23家、2A级景区9家。省级全域旅游示范创建单位7家，全省第一。五星级酒店1家，四星级酒店6家，三星级酒店7家。2019年，邢台全年共接待海内外游客3551.95万人次，实现旅游总收入360.88亿元，全省排名第9位。

二、邢台创新旅游发展现状与问题

（一）景区建设情况

1. 景区规模

邢台共有A级景区46家，从数量上看位列河北第一方阵，景区数量多、整体规模较大是邢台景区发展的主要特征之一。

2. 景区质量

邢台 A 级景区建设方阵中以 3A 级及以下景区为主，占全部景区数量的 69.6%，4A 级景区占全部景区总数的 30.4%。可见邢台景区建设质量、建设层次整体偏低，代表景区创建最高水平的 5A 级景区至今未有突破。邢台旅游景区精品化创建任重道远。

3. 景区类型

从 4A 级景区结构来看，以太行山自然风光为主的景区有 9 家，涉农类景区 3 家、文化类景区 2 家。从 3A 级景区结构来看，文化类景区 4 家，特色小镇、古镇类景区 5 家，工业旅游景区 5 家，涉农类景区 3 家，水域风光类 3 家，其他景区 3 家。

上述数据反映出邢台景区以人文类景区为主体，但是精品景区以太行山水为主，人文类景区开发建设质量亟待提升。

4. 景区发展

2018 年之后，邢台新增 3A 级以上景区 19 家，其中 4A 级景区 6 家，包括新增景区 3 家、低级景区升级 3 家；3A 级景区 13 家均为新增景区。

上述数据说明，近年来邢台景区建设速度加快，全域旅游发展趋势向好。但也说明邢台旅游发展层次偏低，依旧处于规模扩张发展阶段。

5. 核心景区

崆山白云洞景区为邢台最早创建成功的 4A 级旅游景区、国家重点风景区、国家地质公园，是邢台最具知名度与吸引力的景区。天河山、前南峪、大峡谷、内丘扁鹊庙为邢台知名度较高的旅游景区。根据邢台旅游发展规划，崆山白云洞、大峡谷与扁鹊庙将全力创建 5A 级旅游景区。

（二）旅游形象

邢台谋划构建以"守敬故里，太行山最绿的地方"为统领的全域旅游品牌体系。从该品牌建设情况看，未能承担带动邢台全域旅游的创建任务。

第一,该品牌所指"守敬故里"源自邢台的历史文化名人元代大科学家郭守敬,从郭守敬的历史贡献来看,堪称邢台第一名人。但是相较于其他历史文化名人,科技类名人效应较难引起较大关注,也难以作为旅游目的地形象发挥相应作用。

第二,邢台郭守敬文化虽厚重,但主要属于有渊源但无遗存、无遗迹、无景区的文化资源。虽然邢台建有郭守敬纪念馆,但该馆属于达活泉公园内附设馆舍,难堪邢台全域旅游形象大任。

第三,"太行山最绿的地方"缺乏指向性,社会共识度也不够高,且"最绿"的形象较为单薄,不具整体形象整合力和感召力。

第四,该口号可识别度偏低,在河北省缺乏公众知晓度,在周边客源市场缺乏竞争力,难以让游客与邢台作心理链接。

第五,该口号邢台特色不够鲜明,缺乏知名度,市场推广效果难以提升。

(三)旅游营销

近年来,邢台加大了旅游营销力度,传统营销与新媒体营销、线下营销与线上营销并举。传统营销方式主要包括国家省市电视媒体营销、高速铁路广告营销、各类会议会展营销、旅游大篷车、旅游优惠券等。新媒体营销方式包括微信、微博、微电影、微视频、抖音、快手等影响力大、普及度高、受众广的营销方式。

为了促进形象推广、拓展客源市场,邢台制定了专项促销鼓励政策,引导行业主体主动作为、主动营销,鼓励大规模团队及火车专列团来邢旅游,鼓励公众主动推荐邢台旅游,对做出宣传作品的新媒体给予专项奖励。

邢台旅游营销需关注的问题主要包括以下几方面:

第一,营销效果有待加强。从邢台旅游业态规模看,邢台位居河北省前列,但是从年度接待游客总量及创收两个指标看,邢台都位居河北后列,充分说明邢台营销效果亟待提升。

第二,有影响力的营销活动匮乏,现有营销活动缺乏整合,营销手段零散,缺乏一致性与连贯性,整体营销不足,未能形成有效合力,在一定程度上造成了营销成本开支的过度消耗。

第三，自主营销与主动营销不足，客源市场调研分析存在明显不足，细分市场定位不够精准，广告策划创意能力亟待提升。

第四，科技助力营销基本处于空白状态，对携程等网络电商的 OTA 订单数据的消费监测与分析、基于银联数据对旅游消费的监测与分析、基于 GPS 位置数据的旅游客流监测与分析、对互联网所反映的游客情绪的监测等均未开展。

第五，主要旅游景区优惠促销力度应进一步增强，以门票价格优惠带动邢台旅游人气的提升与凝聚。

（四）优势旅游资源开发

1. 太行山水

邢台拥有河北省太行山三分之一的资源，太行山水是邢台最核心的旅游资源。根据国家发改委和文旅部联合发布的《太行山旅游业发展规划》，邢台的沙河、内丘、临城、信都区被列入建设范围，主要涉及开发山地休闲度假、乡村旅游、研学旅游等特色太行山主题游，打造太行山旅游产业集聚区，建设环太行山国家旅游风景道、跨省市东西向国家旅游风景道、太行山国家森林步道等重大项目。

邢台现已建成的景区以太行山风光为主的共有 3A 级以上景区 11 处，从景区发展情况看，主要存在以下问题：

第一，邢台太行山水文化品牌并未形成品牌影响力，主要表现为没有全国知名的景区，5A 级精品景区至今尚未创建成功。

第二，已建成景区均为山水观光类主题景区，类型单一，产业价值链短，休闲度假、康养健身类景区创建尚未起步。

第三，现已建成的景区规模偏小，接待能力有限，景区开发建设粗犷，景观雷同，安全保障程度不高，缺乏主题，吸引力与竞争力不强。

第四，邢台太行山旅游资源地处偏远，交通不便。太行山高速公路邢台段虽已于 2020 年年底竣工，但是高路公路至景区的短距离交通并未得到显著改善，可进入性较差依然是邢台太行山旅游发展的制约因素。

第五，现有太行山4A级景区游客接待服务设施配套不完整，特别是餐饮、住宿、购物设施配置存在明显的短板，一是数量不足，二是选址布点不合理，三是服务质量低。以上问题造成旅游旺季接待供给不足，影响了游客的旅游体验与评价。

第六，太行山水与地域文化融合不足，名人文化、古镇文化、红色文化与太行山水旅游发展两张皮，缺乏融合，未能实现融合发展、相得益彰。

第七，景区建设智慧化程度不足，未能实现3A级以上景区智慧化全覆盖，难以满足散客游多元化、个性化、便捷化的出游需求。

2. 红色旅游资源

太行山区是革命老区，众多红色资源分布其中。邢台地处太行山区中段，红色资源较为丰富，尤以邢台市全国红色旅游经典景区邢台县前南峪抗日军政大学旧址最为著名。当前邢台主要依托前南峪抗大纪念馆、冀南烈士陵园、冀南革命纪念馆、吕玉兰纪念馆、董振堂纪念馆等红色资源，打造爱国主义教育与红色研学基地。

邢台红色旅游资源虽较为丰富，但是并未发展成为邢台全域旅游的增长极，主要问题包括：

第一，A级景区创建乏力，基础配套设施建设滞后。目前A级以上景区中只有4家为红色旅游景区，级别最高的是4A级前南峪生态旅游区，而且抗日军政大学旧址及陈列馆只是前南峪的一个景点。可见，邢台红色旅游规范化保护开发水平相对较低。

第二，红色资源知名度低，影响力弱。《太行山旅游业发展规划（2020—2035）》是国家级太行山旅游发展规划，该规划将太行山旅游资源进行了梳理并对建设路径进行了分析，邢台的红色资源虽然丰富，但是没有一处列入太行精神文化和红色文化旅游基地建设名单。

第三，现有红色资源与景区建设产品单一，展陈方式较为传统，文化与教育价值挖掘缺乏深度，缺乏体验感与震撼力，难以唤起游客的心理共鸣。

第四,"红色+"及"+红色"融合发展缺乏特色与亮点,难以形成有效的市场吸引力。

3. 旅游节庆

旅游节庆是地方文化特色鲜明和可对区域经济产生带动作用的文化经济活动。完善的"节庆旅游"经济产业链是推动全域旅游发展的重要组成部分,也是旅游目的地营销的重要平台。

邢台根据自身文旅资源及市场特点发起举办了天河山爱情文化节、太行山文化节、内丘扁鹊庙会、柏乡牡丹节、清河山楂花节等一批旅游主题节庆活动,中国·邢台天河山七夕爱情文化节、中国·汉牡丹文化节入选河北省不得不赏的十大旅游节庆名单,宣传了邢台旅游,丰富了邢台旅游业发展业态。

邢台旅游节庆产业发展主要存在以下问题:

第一,节庆活动集聚人气、吸引大众参加的规模需要增大,旅游节庆的规模需要增大。游客参与方式应由被动参与向主动参与转变,以更好地形成口碑效应。

第二,邢台现有节庆活动零散,不成体系,节庆效果差强人意,缺乏整体包装设计,横跨全时间轴线的全过程营销工作不到位。节庆推广宣传中缺乏对市场的细分定位,媒体选择、宣传频率设定缺乏科学依据。

第三,邢台现有旅游节庆虽多由企业自主运作,但市场化运作程度与专业办会程度偏低,节庆活动策划组织创新不足,游客差异化体验满意度低,节庆活动品牌持久影响力弱。

第四,邢台现有旅游节庆主要是资源禀赋主导的节庆活动,但邢台目前的各项旅游节庆活动对当地资源的挖掘力度、与当地文化的结合程度、旅游节庆主题的提炼、创意的震撼性与吸引力都不足以支撑反映邢台文化、打造邢台旅游 IP 的品牌旅游节庆活动的要素需要。

4. 特色城镇旅游

邢台古城、古镇、古村类文化旅游资源较为丰富,古村、古镇等景点 65 个,是邢台的优势旅游资源。邢台现有邢台古城、兴台古镇、邢襄古镇、皇寺古镇、临清古镇、换马店古镇等各类古镇主题景区。同时，近年来邢台也建设有莲子小镇、牡丹小镇、葡萄小镇、羊绒时尚小镇、太行山苹果特色小镇、路洛水镇、农业嘉年华小镇等特色产业文旅小镇。

现有城镇旅游项目中，邢台古城位于邢台市区中心区，以城内主要历史文化景观游览为主，交通便利，景点成熟。兴台古镇与邢襄古镇均为新创3A级旅游区，属于人工新建古镇类旅游景区。

从现有城镇类旅游景区看，主要存在如下问题：

第一，虽然古城、古镇、古村落为邢台优势文旅资源，但是并未开发成优势旅游产品。现有相关产品未能形成有影响力的市场品牌，没有龙头景区，缺乏竞争力与市场认可度。

第二，现有景区建设质量较低，缺乏创意设计，景区设计同质化明显，缺乏特色，开发模式单一，基本以古建复建、休闲购物业态为主，商业化氛围浓郁，游客旅游体验单调，重游率低。

第三，投资巨大，运营惨淡，现有的两个3A级景区客源规模小，景区内商业业态凋零，运营困难。

第四，多数古镇类景区地处偏远，交通不便，可进入性差，游客出行不便。

第五，现有古镇历史风貌、文化遗存保护状况较差，缺乏历史年代感，修复任务大，缺乏魅力，观赏效果差强人意。

第六，游览基础配套设施短板明显，餐食、住宿、购物等要素缺位，服务质量较低。

第七，现有景区对古城镇传统文化挖掘不深入，文化赋能低，文化表达不强烈，与相关要素融合度低，与游客心理共鸣需求差距较大。

5. 非遗旅游

邢台是河北省最古老的城市，文化底蕴深厚。邢台非遗独具地方特色，国家、省市级非遗项目众多，是河北省拥有非物质文化遗产项目与类型最多的地区，非遗旅游具有得天独厚的资源优势。邢台现有非遗开发较好的旅游项目为平乡梅花拳及内丘邢窑白瓷，均已实现景区化发展，邢窑博物馆及旅游区被评定为4A级旅游区。

邢台非遗旅游发展主要存在以下问题：第一，非遗资源虽多，但保护开发重视程度不够，主要体现为对非遗的调查保护与申报力度不足。邢台非遗资源位居河北前列，但前三批国家级非遗项目中，邢台非遗仅有10项，位列河北省11个地级市的第6位。第二，现有非遗旅游开发力度薄弱，与旅游业发展融合度低，旅游产业转化率低，旅游效益低。第三，现有非遗旅游项目业态较为传统，文化呈现手段较为单一，游览体验度不足，文创产品开发层次粗浅。第四，邢台非遗文化鲜明，独具特色，文化价值极高，但是宣传推广力度不足，宣传手段落后，特别是新媒体宣传极为薄弱，导致邢台非遗"养在深闺人未识"。

（五）旅游公共服务体系

1. 旅游公厕

邢台旅游公厕建设位居全省前列，截至2020年已完成全市主要街道、旅游景区、旅游线路沿线、交通集散点、乡村旅游点、旅游休闲娱乐场所、步行街区等地新建、改扩建旅游厕所498座，基本实现了市区主要街道1～2千米范围内有一座A级旅游公厕的"10分钟智能如厕圈"的建设目标。

在取得成绩的同时还应着力解决以下问题：第一，现有旅游公厕建设标准相对偏低，多数旅游公厕只具备基本功能，场所体验感较差。国家4A级景区第三卫生间、无障碍公厕建设需尽快落实到位。第二，交通枢纽、旅游集散中心、游客中心等重点区域旅游公厕智能服务、关怀服务保障度需要提升，日常保养管理亟待加强，特别是整洁、干净、无味的场所环境保障力度需要加强。第三，旅游景区公厕数量、布点及日常管理明显不足，旅游旺季问题特别突出。第四，旅游公厕设计中地域特色、文化品位不足，智能服务功能较弱，体验性要素表征不突出。

2. 旅游服务中心

游客服务中心又称游客中心，一般指由政府管理部门设立的，在游客集中区域，为海内外游客特别是散客提供旅游信息服务的非营利性公共服务机构。

邢台现已建成浆水、路罗、沙河市游客中心，临城县岐山水镇栖心湾游客集散中心4处游客服务中心，筹备建立邢台市旅游服务中心项目。

邢台游客服务中心建设主要存在以下问题：第一，缺乏服务全市范围的游客服务中心，现有游客服务中心均为景区游客服务中心，服务游客群体较为有限。第二，游客服务中心体系不完善，既无全市性游客服务中心，也无区县型区域游客服务中心，主要游览交通线、交通枢纽、城市人流密集区游客服务中心建设至今空白。第三，现有景区游客服务中心，服务不规范，功能不完善。第四，筹建中的邢台市游客服务中心选址不够理想。覆盖全市的游客服务中心应是集旅游服务、休闲娱乐、特色餐饮、地域文化于一体的体验综合体，既是游客服务集散中心，又是展示邢台地域文化旅游景区独特魅力的窗口。而目前选址于郭守敬纪念馆，作用相对较为单一，辐射带动作用不够强劲。

3. 智慧旅游

邢台目前并未实现全域智慧旅游建设目标。主要表现为：第一，"一部手机游邢台"智慧平台尚未建成运行；第二，全市3A级以上景区尚未实现对涉险旅游项目监控全覆盖及免费Wi-Fi、通信信号、视频监控全覆盖；第三，市、县两级智慧旅游数据平台尚未建设运行，旅游大数据建设滞后；第四，现由中国建设银行运营的"建行智慧旅游服务平台"属于金融部门建设运营的营销服务项目，涉及微信公众号（龙游邢襄）、票务管理、旅游一卡通、智慧停车场等几大模块功能，虽可以实现部分线上线下出行智慧服务，但是由于跨界运营，该平台旅游产业要素的覆盖率、线上互动体验度、游客需求数据的开发使用率都亟待提升。

4. 旅游交通

截至2020年，邢台已基本实现4A级旅游景区周围的二级及以上公路连接通往景区的道路全覆盖。3A级景区、重要休闲农业和乡村旅游点的通景公路拓宽、路面铺装等提升工程也加速推进。内丘县扁鹊观光大道、临城县岐山湖环湖绿道、临城县赵云大道、沙河市百里画廊等旅游观光路相继完成建设，提升了邢台的旅游形象。

后续建设应着力解决以下问题：第一，景区公交通行率与客运量需根据旅游大数据进行精准分析，进一步优化提升；第二，旅游景区及乡村旅游目的地交通配套设施需进一步完善提升；第三，主要景区内的游览步道安全性、舒适性建设需进一步加强；第四，风景廊道、绿道建设还需要进一步扩充；第五，应科学筹划自驾游汽车营地、加油站等相关服务设施配置，为自驾游市场的开拓提供交通服务；第六，提升现有景区停车场标准化建设程度，加强停车场智慧化管理力度。

三、邢台创新旅游发展对策建议

（一）旅游形象设计

邢台应对现有"守敬故里，太行山最绿的地方"旅游宣传总体形象设计作优化提升。根据邢台太行山水资源富集、古镇古村密集、非遗文化鲜明等资源禀赋优势，根据大数据市场调研结果，依据目标客户群体的出行需求和感知认识，重新构建直观形象、朗朗上口、好听易记、利于传播的最能代表邢台旅游形象的符号及文化表达。

（二）精准市场调研

邢台属于传统意义上的旅游产业非优区域，没有核心品牌，缺乏知名度，市场影响力有限。因此，邢台的目标市场不应该贪大求全、贸然提出构建全国性旅游目的地，而应努力拓展以省内及周边省份中近途客源市场为主的客源市场结构。产品设计、促销宣传、销售渠道构建应更强调满足中短途游客需求。

（三）打造核心旅游产品

邢台应以太行山水资源及附生的文化资源为依托，构建中国太行山国家公园。以太行山国家公园建设为契机，统筹邢台太行山旅游资源开发建设，统一形象，以国家公园建设标准大手笔、高起点地规划建设国家公园内附属的国家地质公园、国家森林公园、国家级自然保护区、国家级风景名胜区、国家5A级和4A级旅游景区，通过上述高水准景区建设，强势打造邢台旅游产业隆起带,构建邢台旅游核心品牌。

(四)创新营销体系

邢台现有营销体系分工不明,手段传统、单一,成本偏高,综合效益不理想。因此邢台应构建手段多样、创意突出、特色鲜明、灵活有效的集政府、企业、社会于一体的营销体系。政府构建精准品牌形象,利用官媒及社会媒体做好全域旅游的推广宣传工作,制定符合自身实际的激励政策,鼓励目标市场输送客源。企业应发挥主观能动性,构建覆盖目标客源群体的营销渠道,精准投放营销资源,主要利用优惠、返点、补贴、奖励等政策激励吸引客源。政府应制定政策鼓励新媒体,特别是鼓励百万粉丝级新农村视频"大V"积极推介宣传邢台旅游,以做足旅游人气为目标,举行各类自媒体网络创作推广活动。

(五)"旅游+"融合发展

邢台旅游业发展基础相对薄弱,业态相对传统,新业态发展规模小、层次低、影响力弱。邢台应下大力气做好"旅游+"及"+旅游"融合发展,特别是做好"旅游+休闲农业""旅游+康养旅居""旅游+非遗""旅游+传统文化"的跨界融合发展。旅游及相关业态融合发展必须坚持以市场调研为基础,以创新创意为手段,以高品质呈现为标准,以品牌打造为目标,全力构建邢台全域旅游新业态产品供给新格局。

(六)突出科技元素

尽快开发运营"邢台智慧旅游"平台,平台功能涵盖景区介绍、餐饮、住宿、娱乐、购物、停车、旅游公厕、线路推荐、旅游投诉等信息查询服务。构建邢台智慧旅游线上体验服务,打通全域范围内的景区门票、旅游演艺、旅游用餐、旅游住宿等预定、支付、核验技术标准与服务标准。4A级景区能够实现人脸识别、智能导览、VR互动等体验服务。构建邢台智慧旅游大数据服务平台,实现智慧监管、智慧营销、智慧服务等多功能数据统计收集分析。

第八节　张家口创新旅游发展研究

一、张家口旅游发展概述

张家口位于河北省西北部，被誉为"塞外山城"，草原丝路张库大道就在这里连接长城内外。张家口区位优势明显，地处北京、河北、山西、内蒙古四省市交界之处，是京津冀经济圈和晋蒙冀经济圈的交汇点。张家口自然资源丰富，历史文化悠久。张家口崇礼是2022年冬奥会雪上项目举办地，被誉为东方"达沃斯"；涿鹿为"中华三祖"圣地，开启了中华文明之源；阳原泥河湾被誉为"东方人类故乡"；大境门为万里长城第一门；"大好河山"已成为张家口的城市名片。

2019年全年全市接待游客8605.06万人次，总收入1037亿元。截至2021年，全市共有A级景区60家，其中4A级景区11家、3A级景区30家、2A级景区19家。星级饭店74家，其中四星级以上饭店22家。旅行社98家。

二、张家口创新旅游发展现状与问题

（一）旅游整体竞争力不足

根据相关统计公报，2018年张家口接待国内外游客7354.83万人次，实现旅游收入859.35亿元，全省排名第4位，同比分别增长17.49%和23.39%，旅游收入占GDP的比重为5.6%。2019年全市接待游客8605.06万人次，总收入1037亿元，全省排名第4位，旅游收入占GDP比重为6.7%。张家口至今没有5A级旅游景区、全国百强旅行社等旅行行业标志性发展成果，五星级酒店数量偏少，且主要分布于冬奥会址附近。

相对有竞争优势的冰雪资源近年来由于冬奥因素在传播影响力方面一直居于全国各大滑雪目的地前列。2021年12月，国家体育总局、国家文化和旅游部联合认定47家国家体育休闲旅游示范基地，张家口万龙滑雪场、太舞滑雪小镇名列其中，也是河北省仅有的两处入选基地。从滑雪类国家休闲旅游示范基地项目来看，河北省入选的数量位居全国首位，充

分说明张家口崇礼拥有国际一流的滑雪休闲资源。但是《中国冰雪旅游竞争力大数据报告 2020》显示，张家口在游客期待指数、美誉度、核心竞争力等评价指标方面都不如哈尔滨。

整体竞争力不足还体现为景区接待能力在旅游旺季明显不足，进入性较差。景区吸引力不足，没有 1 家景区在接待人次和门票收入方面进入全省前十。为满足奥运接待及后奥运接待需求，高星级酒店在数量与质量上都应作较大程度的提升。

此外，中国社会科学院发布的《中国城市竞争力报告》显示，张家口综合竞争力常年处于河北省 11 座地级市后区，没有足够实力。仅靠张家口自身能力提升软硬件发展环境，会因自身造血能力的不足为旅游业的高质量发展及竞争力的提升造成障碍。

（二）景区数量多，缺乏龙头景区，精品景区匮乏

截至 2021 年，张家口共有 A 级旅游景区 66 家，其中 4A 级景区 15 家、3A 级景区 31 家、2A 级景区 20 家。A 级景区数量全省排名第一，4A 级景区数量全省排名第五，3A 级、2A 级景区数量全省排名第一。

从景区结构看，3A 级以下景区占全部景区数量的 77%，5A 级景区至今空白。这些数据说明张家口虽然景区数量位居全省前列，但整体结构以低级别景区为主，景区建设以数量增加为主，品质建设明显不足。

从现有景区类型看，A 级景区主要以自然生态类景区为主，主要为草原与冰雪类景区，季节性市场特征明显。

从主要旅游产品系列看，长城葡萄酒、泥河湾遗址、元中都遗址、暖泉古镇景区级别过低，反映出上述资源开发配套层级明显偏低，景区建设粗放，不足以作为代表性景区和全域旅游重要节点支撑大好河山旅游产品结构。

从优势旅游产品市场需求情况来看，张家口没有任何冰雪景区被列入全国冰雪消费热点十大景区名录。张家口草原避暑类旅游产品市场知名度不如邻近的承德与内蒙古。张家口在挖掘、包装、推荐地理气候、网络评价、特色美食、自然风光、人文特色等避暑游主要影响因素方面存在较大改进提升空间。

（三）文化与旅游融合不足

一直以来，张家口在文旅融合发展方面虽有创新，但仍存在一些亟待关注解决的问题：第一，文化旅游产品融合度有待深化。张家口的草原文化、黄帝文化、商道文化、口外文化、长城文化、民俗文化均为张家口特色文化，但是目前上述文化与旅游的融合多属于自发性浅层次融合，且融合方式简单，类型单一，缺乏创新性，不能满足市场需求。第二，融合发展渠道单一。文化类资源开发对资金需求量较大，且投资回报期较长，对社会资本吸引力有限。由于张家口经济实力较为薄弱，政府财政资金紧缺，对社会资本引导激励不足，在一定程度上制约了文化旅游融合发展的层级与规模。第三，多头管理制约了文旅融合发展。文化类旅游资源多由文物、宗教、文旅、国土资源等部门分头管理，沟通协调复杂，文旅融合发展体制有待进一步理顺。第四，张家口文旅融合中的科技元素与文化创意元素体现度不足，缺乏有影响力、竞争力的文旅融合精品，难以形成市场规模与辐射效应。

（四）行业发展环境建设有待加强

张家口景区建成数量全省第一，但是景区建设标准低、低水平重复建设情况突出。现有景区运营能力不足，旅游交通、旅游咨询、旅游公厕、智慧旅游等游览配套服务设施保障能力差。激励措施对客源地城市旅游集散商缺乏吸引力，政府对组团游市场支持力度弱。

诚信经营、品质服务监管薄弱。地方对有影响力旅游品牌维护力度不足，特别是草原天路与崇礼滑雪旅游，存在对市场认识不到位、市场环境营造意识不足、前瞻性管理滞后、对客服务规范程度低等问题，整体而言基本处于自由无序发展的境况，游客体验度不理想，重游率低，精细化管理亟待加强。

（五）公共服务保障体系应进一步完善

第一，自驾游服务体系建设相对滞后。张家口自然生态资源好，草原风光、冰雪旅游最具特色。由于邻近北京、天津等高端市场，自驾旅游需求旺盛。但是张家口自驾游服务体系建设不能满足当前的自驾游需求。主要表现为：首先，旅游交通顺畅度不够，景区及进入性交通建设标准低，可进入性较差；其次，自驾营地建设迟滞，已建成的自驾营地仅具备基本功能，缺乏地域特色，更不能满足自驾游客个性化需求；最后，自驾游服务信息获取渠道匮乏，公路标识、沿途服务保障、智慧旅游导览建设不足，难以为自驾游市场的拓展提供便利条件。

第二，旅游公厕建设及运营保障能力需加强。张家口自2015年启动全市旅游公厕建设，从建设初期情况来看，其旅游公厕开工建设数量、竣工验收数量、投入使用数量均排在全省前列。但是由于旅游公厕建设起步较晚，基础相对薄弱，旅游公厕在布点、设计、维护、智慧服务等方面都有较大建设空间。旅游公厕建设在创意设计方面不能突出景观特色，环保循环利用理念未能得到体现。特别是旅游旺季旅游公厕数量明显不能满足游客需求。旅游旺季旅游公厕管理不到位，管理理念与管理方式落后。

第三，旅游咨询服务体系建设亟须完善。首先，智慧旅游服务平台建设应进一步加强系统优化设计，提高"智游张家口"小程序与河北"乐游冀"平台的使用便捷性。特别是优化消费者体验度、信息提供与智能推荐的准确度。要重点实现电子票务能够异地取票、实时取票，不同景区统一购票、验票系统及服务；在旅游旺季应通过智游张家口及时获取客流数据，及时获取客流拥堵预警提示以更好地分流引导游客参观流量；针对不同群体推出差异化智慧张家口服务模式，尤其是加强对自驾游与"银发游"群体的智慧旅游服务设计。其次，优化旅游集散咨询中心服务体系。2019年张家口旅游集散中心正式投入运营，在一定程度上弥补了张家口旅游集散咨询服务体系的空白，为满足游客个性化出游及自助游需求提供了便利。但是张家口旅游集散咨询服务体系在区县、热门景区的布设体系尚未建立，全域旅游咨询服务体系建设空点较多，需要进一步完善。

就已投入使用的张家口旅游集散中心运营情况来看，运营效果低于预期规划，主要表现为产品线路较为单薄，未实现市民游客自助游超市的功能目标；宣传力度不够，客源规模增长缓慢，市场影响力不足；和旅游集散中心配套的公交线路、旅游专线与旅游集散中心衔接功能设计不足，旅游集散中心的人员疏散功能和旅游组织作用不能得到更好的发挥。

第四，旅游体验保障一线监管需要覆盖。张家口旅游旺季主要集中于冬夏两季，冬日滑雪游、夏日草原避暑游为张家口绝对的核心优势产品。但是旅游旺季因需求旺盛，产品供应较为紧张，产品价格高，服务体验差，特别是草原与雪场季节性营业、季节性短期用工现象突出，服务人员缺乏规范培训，部分经营人员诚信经营意识不足，宰客欺客现象时有发生，对张家口旅游形象品牌造成了负面影响。

张家口现有监管机制针对上述扰乱市场秩序、侵害游客权益现象，存在旅游服务末端监管体系不完善、监管不得力，智游张家口12345热线旅游投诉受理机制不便捷及社会监督板块缺位，旅游市场奖惩信息发布公示公告制度缺乏执行力度等问题。

（六）品牌形象推广需提升精准度

旅游形象建设是旅游目的地塑造鲜明地域旅游特色、增加游客识别度、提升竞争力的重要手段。各大知名旅游城市都推出了风格突出、特色鲜明的旅游品牌宣传口号，并广为传播。张家口2019年确立"大好河山张家口"为城市旅游品牌形象，并在全域旅游示范区建设中广泛推广。

张家口在旅游品牌形象推广中仍存在一些需要改善的问题，主要包括：

第一，现有品牌形象缺乏人文关怀与生活体验性。散客游、自驾游、休闲度假游群体日益发展成为市场主力群体。旅游已成为消费者体验美好生活的重要手段，游客日益关注旅游行程的体验感，特别是希望能够在旅游目的地获得良好的主客共享体验，尤其是注重融入当地生活的体验。目前的"大好河山张家口"作为旅游目的地整体品牌形象是恰当的，但是该品牌形象生活体验感不足，应进一步拓展有深度的生活性体验与人文关怀。

第二，品牌形象推广新媒体渠道不足。张家口旅游品牌形象现有推广渠道包括中央电视台等重量级央媒、省市电视台等地方媒体、政府部门电子政务系统及报纸杂志等传统纸媒。但是基于互联网移动终端的抖音、短视频、微视频、微信、网红直播等新媒体的形象品牌推广力度不足，尚未成为重要的推广渠道。

第三，品牌营销成本高，效果有限。张家口因自身财政实力不够雄厚，品牌形象推广主要依赖财政拨款，故品牌推广资金投入不足。因此只能采用电视、广播、报纸杂志、推介会、大篷车等传统手段进行推广营销，这些传统的方式难以将旅游目的地形象信息推广至消费终端，且营销成本支出偏高，整体营销效果差。

第四，品牌营销需要关注市场细分。在互联网时代与崇尚个性与品质的大背景下，张家口在借助大数据精准推广旅游品牌形象方面有待推进。特别是应借助互联网大数据对来张游客的基本人口统计数据、游客属性、旅游偏好等进行分析研判，准确锁定主要客源市场与主要客源，以助推品牌传播的精准程度，提升大好河山张家口的品牌传播效果，提高有限资金的使用效率。

三、张家口创新旅游发展格局构想

基于张家口全域旅游示范市建设和冬奥会举办的历史机遇，助推张家口早日建成国际冰雪运动与休闲度假目的地，促进旅游业高质量发展。张家口应充分利用区域、交通、客源、资源等优势，全力打造旅游业融合发展新格局。

张家口旅游发展目标明确，垄断性资源优势与特色资源优势突出，基础设施瓶颈因素改善提升速度快，为全域旅游示范市的建设奠定了良好的基础。为促进全域旅游示范城市的早日建成，张家口应着眼发展现状，找准存在问题，全面梳理张家口全域旅游发展轴线、核心片区及主要产品体系，为旅游业高质量发展指明方向，重新构建旅游产业发展新格局。

张家口应构建以全球雪上体育运动休闲旅游带为核心，以国家一号风景大道和桑洋河谷为两翼，以雪上运动与休闲度假、京北草原度假及张垣文化为支撑，以崇礼滑雪赤城温泉、张北坝上草原、长城国家文化公园、草原天路国家一号风景大道、泥河湾及涿鹿三祖坛、张垣民俗、桑洋河谷葡萄酒为着力点的拥有全球视野的旅游发展新格局。

（一）核心旅游带

张家口应将"全球雪上体育运动休闲旅游带"打造为张家口全域旅游发展的带动轴线。

张家口应以新技术、高科技促进冰雪运动休闲旅游的产业升级，创新冰雪运动休闲旅游的衍生品开发，延长冰雪运动休闲产业链条，提升冰雪运动休闲度假产业附加值。核心旅游带的打造需创新冰雪运动+旅游的深度融合，构建中国冰雪运动新IP，以全球化视野，打造中国特色、中国品牌的国际知名冰雪运动休闲旅游带，树立绿色创新发展样板，促进区域融合与区域经济一体化高质量发展。

（二）旅游两翼

1. 国家一号风景大道

草原天路是国家一号风景大道的重要组成部分。草原天路是张家口旅游名片，该景观走廊以旖旎的坝上风光为依托，辐射张库大道、湿地花海、云海森林、坝上田园、奥运风情、高原草甸、坝上地貌等众多优质旅游景观，是张家口暑期旅游最具吸引力的旅游景观带。

草原天路应确保按照生态旅游发展路径作好保护与开发，维护好天路的观赏性，保护好地貌与植物资源的多样性，创新天路沿线草原生态观光农业、休闲度假新农业综合体发展，带动草原天路绿色产业升级发展，为建设奥运生态旅游示范区奠定基础。

2. 桑洋河谷

桑洋河谷旅游区应以打造世界知名文化生态旅游度假区为目标，将桑干河和洋河流域的怀来、下花园、宣化、阳原、万全、怀安、涿鹿7个区的旅游资源作深入的整合、融合。

该区域应以怀来官厅国家湿地公园为核心，以建设官厅国际康养旅游度假区为载体，打造以"生态+旅游、康养"为特色的青山碧水游；以阳原泥河湾国家考古公园和涿鹿始祖文化为核心，以建设国家文化旅游示范区为载体，打造以"旅游+文化"为特色的东方文化圣地游；以下花园区、宣化区、万全区各具特色的旅游小镇为抓手，以建设成为国家旅游扶贫示范区为载体，构建以"旅游+扶贫"为特色的乡村旅游新业态。

（三）三大支撑

1. 雪上运动与休闲

张家口应大力拓展冰雪产业链条，发展冰雪产业。谋划构建冰雪产业园、引进冰雪运动休闲设施与冰雪运动装备生产线。按照《河北省冰雪产业发展规划（2018—2025）》的要求，全力打造以"冰雪体育运动、冰雪装备研发制造、冰雪旅游、冰雪人才培训、冰雪文化"为核心的冰雪全产业链，尽快将张家口建设成为河北省旅游产业核心区，培育形成京津冀冰雪旅游带，构建冰雪运动装备基地和奥运旅游冰雪休闲旅游目的地。

2. 京北草原度假

河北省草原类旅游资源尤以张承地区为最，张家口应坚持旅游开发与生态保护一体化发展策略，将草原风情游作为"大好河山"品牌的重要组成部分予以强势打造。以张北、沽源、尚义、康保等坝上地区为重点，以安固里草原度假区、元中都原始草原度假区精品化建设为抓手打造以"观星、看草、赏林、听音、品农、沐风"为主的草原特色观光度假旅游产品体系。

3. 张垣文化旅游

张家口历史文化厚重，是草原文化与农耕文化的交汇之处。张家口应积极推进泥河湾国家考古公园、涿鹿中华三祖国家文化旅游区、长城国家文化公园等项目建设立项，应以精品化建设思路提升鸡鸣驿、张家口堡、宣化古城、大境门及六代长城等精品文化旅游资源的游览参观配套设施建设，提升游客游览的体验度与满意度。作好历史文化名城蔚县历史文化休闲度假旅游目的地建设，将古堡文化、宗教文化、署衙文化、民俗文化、剪纸文化、地方美食、非遗项目进行创新包装，构建张家口国家历史文化旅游示范区。

（四）七大系列

1. 崇礼滑雪赤城温泉

崇礼作为 2022 冬奥会雪上项目举办地，应充分研究奥运会前的国际赛事举办及奥运后效应国际雪上度假胜地品牌塑造，尽快将崇礼的品牌效应放大为国际级市场效应。

邻近崇礼的赤城是京津冀著名的滑雪胜地，境内有丰富的天然弱碱性疗养性温泉地热资源，可以实现雪上运动与温泉康养的完美结合。赤城应协同崇礼利用奥运会的历史契机，以打造全球冬季旅居度假胜地为目标，构建京北地区独树一帜的"滑雪+温泉"产业集群。

2. 张北坝上草原

在成功建成全省全域旅游示范区和省级旅游度假区的基础上，依托坝上地区优质的生态旅游资源，将草原文化与元中都、张库大道创新融合，着力打造大好河山"京畿草原，壮美张北"生态旅游品牌。

3. 长城国家文化公园

河北是长城文化资源大省，汇集了众多长城精华。张家口是长城文化的重要集聚地，共有 6 个朝代的长城修建于此，被誉为中国历朝历代长城博物馆。大境门段与崇礼段长城入选长城国家文化公园建设试点。2020 年，长城国家文化公园（河北段）共发布了 12 条精品旅游线路，涉及张家口的包括冬奥长城冰雪游、塞上长城自驾游、宣府长城体验游和张库大道探寻游 4 条精品线路。张家口应以"长城脚下冬奥会"为主题，以冬奥会举办为契机，打造精品长城国家文化公园，大力宣传"大好河山"长城旅游品牌。

4. 草原天路国家一号风景大道

充分利用张家口作为中蒙俄经济走廊建设的节点城市与张库大道处于"万里茶道"枢纽地带的区位优势，以国际标准为参照，将国家一号风景大道建设成国际化无障碍草原风情精华旅游景观廊道，打造以户外运动旅游、自驾车旅游、草原民宿风情为主的区域发展轴心。整合天路风景廊道和环线及连接线的特色旅游资源，将国家一号风景大道打造成中国最美的自驾体验旅游风情线。

5．泥河湾及涿鹿三祖坛

张家口是人类文明的起源中心之一，是华夏文明的重要发祥地。阳原泥河湾遗址、涿鹿中华三祖遗迹是享誉华人世界的人文圣地。张家口应打好"华夏文明圣地"这张金字名片，进一步作好相关遗址遗迹的保护与科学论证研究，深入挖掘寓于其中的融合、和谐、爱国等华夏文化精神，创新产品设计，强化产品的历史厚重感和国家荣誉感，以建造华夏文明国家文化公园为目标，建设与陕西黄帝陵齐名的中华文明圣地。

6．张垣民俗

继续以张家口年俗国际旅游季及蔚县民俗文化旅游节为依托，充分利用冬夏两季，全面整合民俗社火竞演、新春庙会、民俗展演、地方美食等文化展示活动。将国家级历史名城蔚县打造成为千年古县特色民俗旅游胜地。

7．桑洋河谷葡萄酒

张家口应以全球化视野，整合怀来、宣化、涿鹿三地葡萄酒产业资源，走融合、高端、生态、绿色、智能化的产业发展路径。将葡萄酒产业作为张家口支柱产业和转型升级发展的重要抓手，着力推进国际葡萄酒文化区、国际葡萄酒产业园、国际葡萄酒庄园集群等业态发展，打造亚洲最大的葡萄酒产业集聚区。创新旅游产品，增强葡萄酒产业休闲观光功能建设，拓展客源，与江浙沪、京津及广深等地大型旅游企业对接，在作好短途游客市场开发的同时，作好中远途高端客源市场的开发。

张家口应立足区位优势，把握京津冀一体化与冬奥会举办的历史契机，大力改善配套交通等基础设施建设水准，借助多元化资金投入、科技创新与创意手段，精心统筹，科学整合，将良好的生态资源优势转化为具有竞争力的产品优势、产业优势与市场优势，带动张家口旅游产业高质量转型升级发展，促进全域旅游示范区创建及国际冰雪休闲度假名城的打造，并尽快发展成为河北旅游产业发展的重要引擎地。

第九节　沧州创新旅游发展研究

一、沧州旅游发展概述

沧州市位于河北省东南部，东临渤海，紧邻天津，有"三水六乡"之誉，以"狮城""武城""运河城""杂技之乡"而著称于天下。

沧州旅游资源类型较为丰富，特色鲜明。截至2021年，沧州市共有30家A级景区，其中，4A级景区4家、3A级景区11家、2A级景区15家；世界文化遗产项目1处；全国重点文物保护单位8处，省级文物保护单位45所；星级饭店19家，其中五星级酒店3家、四星级酒店8家；省级全域旅游示范区创建单位4个县区（渤海新区、河间市、青县、南大港产业园区）；举办有国际三大杂技赛事之一——吴桥杂技节。

2020年，沧州全年接待国内外游客2871万人次，实现旅游收入230亿元。沧州A级景区数量全省排名倒数第二，旅游接待人次全省倒数第二。

二、沧州创新旅游发展现状、主要问题与对策

（一）景区建设

截至2021年，沧州共建成各级各类旅游景区30家，景区数量在全省11座设区市中排名第十。

从景区级别来看，5A级景区空缺，4A级景区4家，3A级以下景区占全部景区数量的87%，说明沧州景区建设水平较低，高级别精品景区数量相较偏少。

从景区建成时间来看，2018年以后新晋升景区8家，其中新晋升4A级景区2家、3A级景区6家。一方面说明沧州景区建设速度相较往年有了明显的提升，另一方面说明沧州景区建设仍处于较低层次的规模发展扩张阶段。

从景区类型来看，博物馆、文化园、纪念馆类文化景区16家，工业类旅游景区5家，自然类景区8家，主题公园类景区1家。其中文化类景区以博物馆、纪念馆、文化园类为主，自然类景区以生态农业园、现代农庄、农业观光园、农业科技园为主，工业旅游景区以白酒生产加工企业为主。从景区业态来

看，较为传统，新业态较少。

从高级别景区发展情况来看，已建成的4家4A级景区只有吴桥杂技大世界具有较大的知名度与影响力，沧州武术、大运河、铁狮子等沧州优势特色旅游资源均未打造成为有影响力的旅游吸引物。

从整体上看，沧州景区建设发展规模小，建设层次低，景区业态过于单一传统，优势资源开发薄弱。景区建设缺乏吸引力与竞争力已成为沧州旅游业提质增效的主要制约因素。

（二）营销体系建设

1. 旅游宣传口号

旅游业是带动地方经济社会发展的重要抓手，旅游产业发展已进入目的地品牌竞争时代，品牌影响力已成为旅游目的地核心竞争力。

沧州曾发布过不少旅游口号，包括"京津南花园、天然大氧吧""全域旅游、大美沧州""瀛州寻古·渤海听潮""运河古郡·渤海明珠"等。从上述口号设计来看，均有明显的不足。首先，缺乏地域特色，沧州最为人称道的或知名度最高的文化自然资源没有直观地展示出来。其次，识别度联想性较差，这些口号不容易让消费者与沧州作心理链接，口号与受众感知匹配度低。最后，口号缺乏独创性，过于宏观，与其他旅游目的地宣传口号雷同，不利于与其他成熟旅游目的地展开形象竞争。

当前沧州在大力宣传新推出的口号为"河海之城·文武沧州"，这一口号相较之前的若干版本较为显著地突出了沧州的水文特色和地域文化，易读易记，整体比较大气，沧州味道浓郁。但是该口号在独特性设计上也存在一定的问题，比如"河海之城"，中国大运河沿线沿海区域有不少历史名城，都堪称"河海之城"，宁波就被誉为"河海之城"，在这个名称之下，显然公众对宁波的认知度要显著高于沧州。

2. 整合营销

整合营销是一种适合旅游目的地整体营销的营销策略，该策略在数字化的大背景下，更多强调以全网、全域为渠道，以聚焦用户、柔性服务为手段，对目标市场实施更有效的营销攻势。

沧州现有中国沧州国际武术节、中国吴桥国际杂技艺术节两项国家级节庆活动，已形成了一定的品牌影响力。沧州也举办了多次旅发大会，旅发大会对沧州的品牌推广形成了持续的推动力。

沧州在综合运用节庆活动、大篷车、展览促销、事件营销等整合营销手段方面还存在尚未树立全市一盘棋思想的问题，整合度差、整合意识不足、整体营销水平偏低，省市县三级联动、部门协同、企业联盟、媒体助力、游客共建的整体营销体系尚未健全，极大地影响了沧州整体旅游形象的推广。

3. 精准营销

城市旅游发展依赖于市场规模在保持一定稳定性基础上的稳健扩张。将市场拓展至一定规模的关键因素是应作精准市场定位和精准宣传推广。沧州现有的营销体系中对大数据、云技术投入使用不足，未能有效地实施客源描述与精准调研。在营销预算有限的前提下，不能实施精准营销，营销效果较差。

4. 旺季营销

沧州本属于旅游洼地及偏冷旅游目的地，旅游市场覆盖地域狭窄，当前应主要解决人气不足、市场覆盖小、旅游旺季客流少的关键问题。

就沧州而言，应重点实施旺季营销策略，与中国联通和中国移动等运营商建立合作机制，对旅游客源作好沧州旅游大数据调研分析，清晰勾勒沧州客源情况，精准定义主要客源地及中远程客源地。依托铁路、高速及周边机场，打造展示沧州精品旅游资源的移动宣传平台。邀请重点旅行商、传统媒体及新媒体开展推荐宣传，加大奖励力度，鼓励通过专列、大团队方式来沧旅游。充分利用节庆活动策划实施相关营销活动，扩大沧州旅游吸引力。积极参与中国大运河营销，利用京杭大运河城市旅游推广联盟、大运河城市全媒体联盟、京杭大运河河北旅游营销联盟开拓中国大运河旅游市场。

5．智慧营销

沧州现有营销模式与营销力度均与散客休闲度假市场多元化、个性化的游客需求有一定的差距。沧州需要不断创新旅游宣传营销策略并创建新载体，加强与各大门户网站、大型旅游网站的合作，运用微博、微信、微视频、网络直播、旅游达人体验、旅游攻略等新媒体、新技术，开展清晰、迅即、有效的智慧旅游宣传。

（三）公共文化服务体系建设

2018年，沧州通过了国家文化和旅游部组织的创建第三批国家公共文化服务体系示范区验收，成功创建国家公共文化服务体系示范区。

当前沧州公共文化服务体系建设主要存在以下问题：首先，沧州市公共文化服务建设发展不够均衡，特别是应加强南大港、高新区、经济技术开发区公共文化服务体系建设。其次，《公共文化服务保障法》《公共图书馆法》有关图书馆建设、文化场馆建设要求需要进一步强化落实。公共文化服务体系建设主要应解决公共文化设施网络建设水平低、公共文化服务供给保障程度应进一步提升、公共文化服务与科技融合程度不高、公共文化服务机制不健全、公共文化服体系人才队伍建设应进一步加强等问题。

（四）旅游公共服务体系建设

1．公厕革命

截至2020年，沧州主城区共有公厕424座，当前及以后一个阶段主要面临以下改进提升任务：第一，公厕数量应进一步增加，不仅包括主城区，而且应特别增加主要旅游景区及游人集中区域旅游公厕布点建设数量；第二，对标《旅游"厕所革命"工作手册》，提升旅游公厕对客服务设施水平与服务保障程度，特别是应该加强热水配置、除臭增香、卫生保障、智能管理等显性体验条件的改善与提升；第三，在游人集聚区加强高标准、高质量、绿色环保、时尚美观、智能便捷的旅游公厕建设力度，使旅游公厕成为沧州旅游体验的重要加分项；第四，加快新建公厕投入使用的速度。

2. 景区交通与导览体系建设

沧州景区建设标准偏低，游览基础设施的建设适游度、体验度不高，主要表现为景区可进入性差、旅游信息公共服务不够便捷、景区游客服务设施维护保障不及时、步行道存在安全隐患、停车场条件简陋、管理方式粗放、智慧景区建设未实现全覆盖等，这些问题在一定程度上制约了景区发展与竞争力的提升。因此沧州基于旅游业高质量发展的前提，应着力提升景区的可进入性，改善提升景区步行道、停车场、游客中心、应急救援、智慧导览等硬件配置水平与服务功能建设。

3. 智慧游沧州建设

智慧旅游是城市旅游高质量发展的重要支撑，不仅有助于提升可进入性，满足游客的个性化、多元化需求，更为旅游目的地科技助游发展提供了拓展的平台。

2020年之前沧州智慧旅游建设滞后，极大地制约了沧州全域旅游创建。2020年，沧州市以整合旅游消费链条为切入点，联合金融企业，推出"一码游沧州"智慧游二维码。该智慧游二维码可以实现智慧景区服务，包括网上购票、验票、客流管理等功能。该二维码还把餐饮、停车、娱乐、购物等服务纳入智慧服务范畴，极大地提升了游客消费的体验度与便利度。

沧州智慧旅游体系建设在取得突破性建设成果的同时，也应着力解决如下问题：第一，沧州智慧游建设仅处于起步阶段，主要是满足食住行游购娱等预定支付智慧化建设基本需求，即时互动交流主客共享功能有待完善。第二，沧州智慧旅游是金融机构主导的，创建了"旅游+金融"的发展新模式，但是由于属跨界整合，故对智慧旅游建设与推广的专业程度还是略有不足。第三，当前一码游沧州，对于区域旅游功能建设较为滞后，缺乏对沧州旅游主题的打造。沧州特色旅游产品供应结构有待完善，智慧营销平台缺乏整合，旅游行业智慧化监管功能建设亦需加强。

（五）优势旅游资源开发

1. 杂技文化

沧州被誉为"杂技之乡"。2006年，"吴桥杂技"被列入国家级首批非物质文化遗产代表名录，吴桥被命名为"中国民间文化艺术之乡"。吴桥杂技是沧州最知名的文化遗产和旅游名片。沧州依托吴桥杂技发展的旅游产品主要是国家 4A 级景区吴桥杂技大世界。吴桥杂技大世界 1993 年开始接待游客，至今已走过近 30 年的发展历程，是沧州接待游客数量最多的旅游景区，也是沧州现有景区的发展龙头。

沧州依托吴桥杂技这一独有的文化遗产，以吴桥杂技大世界为核心，主要发展出了杂技教育、杂技演出、杂技魔术道具研发等相关产业。

当前吴桥杂技产业发展需主要解决如下问题：第一，吴桥杂技大世界景区建设运营已近 30 年，景区设计及游览接待条件建设已略显陈旧。大世界现有参观项目以江湖文化为核心吸引物，现有演出在艺术包装、演出环境、互动体验等方面均需作精品化设计与提升。第二，现有杂技演艺并未形成品牌效应，演出的震撼性、文化性、艺术性需进一步提升。第三，杂技教育、杂技魔术道具极具吴桥特色，也形成了市场影响力，但是在旅游功能挖掘、旅游体验营造等方面还做得极为不够。

2. 武术文化

武术作为沧州独特而丰厚的地标性资源禀赋，已有 2000 多年的传承历史。沧州是享誉海内外的中国"武术之乡"，也是"最受全球网民关注的中国武术之乡"。沧州武术以其厚重历史文化而蕴含巨大的产业潜力。

沧州现以武术特色小镇及中国沧州国际武术节为载体，以武术为媒，打造了武术专著出版、武术竞技展演、国际武术节、武术教育培训等以"武"为核的新业态，武术产业已成为沧州文化产业的重要增长极。

当前武术产业开发主要存在如下问题：第一，武术之乡品牌并未叫响，影响力远不及河南少林寺所在地登封。武术培育产业并未形成龙头产业，其规模及影响力都亟待提升。第二，武术产业与相关产业融合度低，武术文化体验目前并未发展成为沧州必游项目。武术健身休闲、武术动漫竞技、武术康养、竞技武术、武术装备等业态亟待培育。

3. 渤海文化

沧州是河北省三座沿海城市之一，海洋文化资源丰富，沧州将其定义为渤海文化。渤海文化主要的亚文化包括渔村民俗文化、海鲜美食文化、盐业文化及千童文化。

沧州依托千童文化重点打造了千童东渡遗址公园与千童东渡文化园。当前千童文化资源开发主要存在如下问题：第一，对千童文化的解读认知的深度、广度有待加强，对千童文化的现实意义解读阐述有待提升；第二，现有产品业态较为传统，千童文化开发与相关产业缺乏融合，衍生品开发不足；第三，千童文化与徐福东渡密切相关，从市场认知角度看，徐福东渡知名度远高于千童文化，徐福文化在东南亚地区影响深远，当前沧州千童文化开发与徐福东渡关联度不高，借势发展意识不足；第四，沧州千童文化开发国际化发展程度不理想，日本、韩国是徐福文化的主要海外传承区，沧州徐福文化的国际认可度明显不如江苏、浙江、山东等徐福文化传承地；第五，沧州应与江苏连云港、苏州，浙江岱山、慈溪，山东龙口、胶南等徐福文化资源开发作差异化定位，避免低层次重复开发。

沧州盐业文化是河北特色地域文化，沧州黄骅建立了河北省首家盐业博物馆——河北海盐博物馆。该馆是中国三大和盐有关的博物馆之一，更是中国展示各地盐业发展资料最全的博物馆。

沧州海盐文化开发需重点关注以下问题：首先，业态较为单薄，食盐生产现场、遗址、盐浴康养、民俗节庆、美食盐文化等均为盐类旅游开发吸引物，沧州应结合自身资源完善海盐旅游产品结构。其次，海盐资源旅游项目开发应在参与性、互动性方面进行改善提升。再次，海盐类特色旅游商品应作为"沧州有礼"品牌的重要组成部分加以推广。当前沧州海盐类旅游文创商品开发层次粗浅，产品缺乏文化内涵，海盐康体健身功能挖掘不足，缺乏竞争力。

4. 中医药文化

沧州中医药文化在中国医学发展史上占有重要地位，走出了神医扁鹊、金元四大家之首刘完素、中西医结合鼻祖张锡纯这三位历史上杰出的中医名家。

沧州现有中医药文旅产业主要项目是建于任丘的文旅康养综合体龙山文化康旅项目，该项目主要包括中医药文化体验馆、龙山文化博物馆、温泉康养大世界、扁鹊药王祠。

沧州中医药文旅产业开发应重点关注以下主要问题：第一，明确中医药文化在沧州全域旅游建设中的定位。中医药文化是沧州优势地域文化，但是其是否可以作为主打文化脉系有待探讨。第二，沧州中医药文化相较国内其他中医药传统优势区知名度不高，甚至在省内也鲜有知名度，因此沧州中医药文化品牌宣传推广力度需加强。第三，沧州现有中医药文旅产业地域集群化程度不高，产业链不健全，不利于形成规模集聚效应。第四，产业业态雷同，缺乏特色品牌。第五，中医药产业、中医文化、养生保健与旅游业融合广度、深度不够，缺乏旅游特色。

5. 运河文化

中国大运河沧州段共有 253 千米，沧州是名副其实的运河古郡。作为中国大运河世界遗产项目的河北东光段运河遗址线路清晰，体系完整，现存人工河道和堤防体系较为完整，是中国北方大运河遗产的典型代表。

大运河沧州段运河文化遗迹品质高，运河遗址遗迹数量多，是沧州运河文化旅游带开发的核心基础，与运河伴生的生活习俗、特色文化等元素是运河文化旅游开发的重要依托。

当前沧州谋划以运河为全域旅游核心吸引物，全力构建沧州大运河旅游带。《沧州市城市区大运河文化带建设规划》《沧州市大运河文化保护传承利用实施规划》均已完成，大运河文化遗产保护传承、文化和旅游融合发展、生态环境保护修复等专项规划已通过评审，为大运河的科学保护开发提供了坚实保障。

大运河沧州段的旅游开发需主要关注以下问题：第一，如何将运河遗产打造为全域旅游的核心吸引物，如何以运河为核心对沧州全域旅游进行空间布局与内容的拓展；第二，如何在申遗后继续保护好重要的运河文化遗址遗迹，优选有典型代表价值的节点恢复历史原貌或采用创新的文化观赏方式方法向游客展示运河文化；第三，如何在大运河开发中将物质文化遗产与运河伴生的非物质文化遗产融合发展；第四，如何作好沧州运河段沿线各县区的差异化发展；第五，如何创新设计，提升大运河旅游带各旅游节点的游览体验度。

三、沧州创新旅游发展格局构想

沧州地处首都经济圈和环京津枢纽地带，毗邻雄安新区。沧州与北京、天津都在一小时都市圈内，至天津高铁车程半小时，至北京高铁车程一小时，境内有 8 条高速公路，京沪高速贯穿全境，交通极为便捷，沧州市区位优势明显。

根据沧州的特色优势资源与区位优势，按照全域旅游示范区创建要求，沧州应着力构建以一城、一带、一技、六大全域旅游示范县为结构的全域旅游发展格局。

（一）一城为构建"中国武术康养圣城"

沧州是中国武术发源地之一，被誉为"武术之乡"。武术是沧州文脉的主脉，是沧州地域文化之魂，是沧州全域旅游形象的典型代表与地标性资源禀赋。

沧州应以"中华武术文化的重要发源地、拳种富集地和典范传承地"为定位，以武术文化产业集群建设为途径，打造中国武术康养圣城。

沧州在打造中国武术康养圣城品牌过程中，应继续将"中国沧州国际武术节"这一国家级武术节庆活动做大做强，扩大节事的国际影响力，将中国沧州国际武术节打造成弘扬"天人合一""以德服人，以人为本""刚健有为"和"贵和尚中""以柔克刚"等"中国武道"的华人世界第一武术节。

沧州武术是河北省独有的优势文化资源，沧州市应按照国家级文化产业示范区的标准，集聚武术产业业态，完善沧州武术产业链条，培育壮大中国武术产业，增强沧州武术产业活力，提升核心竞争力，扩大沧州武术品牌影响力，使之成为沧州乃至河北省文化产业的重要增长极。

（二）一带为大运河人文风情旅游带

沧州因大运河而生，因大运河而兴，因大运河而荣。沧州大运河是中国大运河世界遗产的重要组成部分,是我国大运河的典范代表。

沧州拥有大运河这一世界级文化遗产是城市之光。大运河沧州段拥有各类物质文化遗迹 129 处,运河文化遗存数量位居河北省首位。大运河沧州段运河遗产原貌保存状况较好,原生态特点鲜明。沧州大运河带来了文化交融,孕育了沧州独特的民俗民风,堪称北方大运河典范代表。

沧州大运河人文风情旅游带建设在保护运河文化遗存、恢复运河生态、优化人居环境的基础上,应对沿运河 8 个县区的各类高品质文旅资源进行深入挖掘,精心打造串带状文旅项目。大运河两岸遗产保护开发应坚持高点定位,优选承载运河旅游的节点片区,创新体验设计,推动沧州大运河两岸物质文化遗产及非物质文化遗产的活态利用,增加运河遗产的互动、展示功能设计,推动旅游休闲、文化创意、中医康养等精品项目列入国家级大运河文化带建设。

沧州大运河人文风情旅游带的建设应深入探索"运河+文化+旅游"新模式,构建沧州文旅融合创新发展的高品质链条,打造沧州全域旅游的龙头品牌发展引擎。

(三)一技为中国荣耀吴桥杂技

沧州吴桥是中国杂技艺术的发祥地,是中国乃至世界杂技的杰出代表,被誉为"杂技之乡"。吴桥有世界上规模最大的杂技技艺传承人,据统计,吴桥现有 1 万人从事杂技艺术,从业人员占中国的三分之一,占世界的十分之一。

吴桥杂技因其国际影响深远、原生态保存相对完整及独具的唯一性堪称世界级非物质文化遗产。

吴桥杂技产业已经初具规模,核心旅游产品为吴桥杂技大世界。为了能够更好地展示吴桥杂技这一世界级文化遗产,沧州应着力推动如下几项工作:第一,推动吴桥杂技大世界 5A 级景区创建工作,全力推动吴桥杂技大世界景区提档升级,以 5A 级景区创建促进沧州全域旅游战略加快实施,将吴桥杂技大世界打造为沧州旅游业的重要形象 IP。吴桥杂技大世界景区软硬件水平的全面提升,生态环境和文化内涵的综合打造,必将对全域旅游建设具有极大的示范和带动作用。第二,积极推动吴桥杂技申报世界非物质文化遗产的进程,早日拿下世界非遗金字招牌，助力沧州文旅产业转型升级发展。第三，继续将中国吴桥杂技大赛进行升级改进，扩大赛事影响。依托吴桥国际杂技节设立沧州旅游节，拉动沧州旅游业发展。

（四）六大全域旅游示范县

从沧州全域旅游建设情况来看，渤海新区、青县、河间、南大港产业园区被确立为省级全域旅游创建单位。沧州至今在国家级全域旅游示范区建设上未取得突破。

1. 青县

青县应以"盘古圣地"为全域旅游主题形象，带动青县全域旅游高质量发展。青县在构建全域旅游版图中，应作好"旅游+文化、工业、农业、城镇"等融合发展，围绕盘古文化、现代农业示范园、国家驰名商标、非物质文化遗产、红木文化、美丽乡村等优势资源构建全域旅游发展格局。

2. 任丘

石油城任丘是全国综合实力百强县市、全国绿色发展百强县市、全国科技创新百强县市、全国科技创新百强县市、全国新型城镇化质量百强县市。2020年，任丘被国家住建部正式命名为"国家园林城市"，同年被列为河北省首批省级全域旅游创建单位。

任丘应以特色石油文化、主客共享生活、白洋淀雁翎队、神医扁鹊为主要旅游吸引物，以龙山文化康旅项目为抓手，形成与雄安新区一体化发展的全域旅游区。

3. 献县

献县是中国生态魅力县、中国最美乡村旅游目的地。献县是小众旅游目的地，属于旅游洼地中的洼地。从献县的文脉分析看，献县是儒家文化再生地、"实事求是"成语发源地、中西文化交汇地与金丝小枣原产地。献县名人辈出，一代文宗纪晓岚、民族英雄马本斋、哲学泰斗张岱年都是献县历史文化名人。

献县温泉旅游资源丰富，被誉为"中国温泉之城"。

献县应以名人文化作为旅游高质量发展的突破口，特别是应以纪晓岚、马本斋为核心，打造沧州名人游旅游品牌，以名人文化带动献县全域旅游发展。

4．肃宁

肃宁拥有悠久的历史。肃宁拥有战国时期武垣城遗址等众多文化遗产及武术戏、戳脚、民族乐器制造等非物质文化遗产。肃宁也是汉武帝宠妃钩弋夫人、金代医圣刘完素、元代文状元魏元礼等名人的故里。肃宁皮毛产业源远流长，被称为"中国裘皮之都"。

沧州全域旅游产业链中的旅游购物要素一直是短板，肃宁应利用自身商贸购物旅游资源丰富、产业链条相对完整的有利条件，开发以裘皮为主，以服装、乐器、渔具加工制造为辅的"沧州有礼"旅游品牌。

5．盐山

盐山是河北省级全域旅游创建单位，徐福东渡千童文化、名人村庄文化是其主要文化旅游资源。

盐山应以沧州渤海文化主要承载地为定位，大力挖掘徐福东渡与千童文化的密切关系，将盐山打造成为徐福东渡文化重要传承地。以融入一带一路的高度，对千童文化时代内涵进行解读和创意展示。大力发展千童文化产业，拓展千童文化衍生品，以千童文化统领沧州渤海文化品牌的创立。

6．渤海新区

渤海新区现辖"一市四区"，即黄骅市、中捷产业园区、南大港产业园区、港城区和临港经济技术开发区。

渤海新区是沧州休闲旅游发展的龙头片区，沧海金沙滩、东渡码头、贝壳湖、黄骅冬枣采摘园、南大港湿地、中捷金太阳、盛泰、世博园等为其主要旅游景区。

渤海新区应以沧州全域旅游中的滨海休闲度假旅游目的地建设为立足点，挖掘海洋文化，大力拓展滨海休闲产业链，带动沧州旺季旅游市场的形成，创建全域旅游示范区。

第十节 衡水创新旅游发展研究

一、衡水旅游发展概述

衡水位于河北省东南部，东与沧州、德州毗邻，西接石家庄，南连邢台，北与保定交界。衡水市是河北省仅次于石家庄的第二大交通枢纽城市，区位优势明显。

衡水旅游资源较为丰富，主要包括以董仲舒为代表的名人旅游资源、以衡水湖为代表的湿地湖泊旅游资源、以衡水三绝为代表的非遗旅游资源、以安平台城村为代表的红色旅游资源及特色小镇、研学旅行、马术比赛、马拉松跑等各类旅游新业态。

截至2021年，衡水共建成A级景区23家，其中4A级景区3家、3A级景区14家、2A级景区6家。星级酒店15家，其中四星级酒店1家、三星级酒店11家、二星级酒店3家。衡水拥有国家生态旅游示范区衡水湖景区。深州、桃城区、冀州区、武强县被列为河北省全域旅游示范区创建单位。2019年，衡水接待国内外游客2290万人次，旅游创收197亿元。

二、衡水创新旅游发展现状及问题

（一）景区建设

1. 景区结构

衡水现有A级景区23家，位列全省第11位。现有景区中5A级景区至今尚未创建成功；4A级景区数量较少，仅占全部景区数量的13%；3A级景区是衡水景区的主体，占全部景区数量的61%。

2. 景区类型

衡水现有A级景区中，工业旅游景区3家，红色旅游景区3家，非遗文化展示类景区 3 家，特色小镇类景区 4 家，农业休闲类景区 5 家，湖泊湿地类景区 2 家，其他景区 3 家。

3．核心景区

衡水核心景区为国家生态旅游示范区衡水湖景区。国家级自然保护区衡水湖被誉为"京南第一湖""京津冀最美湿地""东亚地区蓝宝石"。2019年，衡水湖接待游客量超过 300 万人次，是衡水所有景区中年度接待游客最多的景区。

4．景区发展

衡水现有 A 级景区中有 19 家是 2018 年之后创建成功的，占全部景区数量的 82.6%，其中新创 4A 级景区 1 家、新创 3A 级景区 14 家、新创 2A 级景区 4 家。这个数据说明从 2018 年之后，衡水景区标准化建设进入快车道，结束了衡水自 2013 年后无新增 A 级景区、发展停滞的窘境。同时也反映出衡水在一定程度上具有旅游发展的后发优势，旅游景区建设增速位列全省第一。当然也反映出衡水旅游原有发展基础较为薄弱，4A 级以上精品景区建设增速缓慢，至今 5A 级景区创建尚未启动。

5．新业态景区

衡水现有的 14 个 3A 级景区均为 2018 年后因旅发大会的举办而创建，且主要集中于 2020 年创建，构成了衡水景区的主体。这些景区主要围绕工业旅游、观光休闲农业、特色文旅小镇等主题开展创建。其中，音乐、航空运动、马术体育特色小镇为省内独有的特色旅游新业态。

（二）旅游形象

衡水现有全域旅游形象为"大儒之乡、生态湖城"。从该品牌的文化抓取、形象展示角度衡量，该形象主要存在区域心理本底印象认同易混淆的问题。

首先看"大儒之乡"，主要源于衡水景县历史名人西汉儒学大家董仲舒。但是从游客心理认知看，提起儒乡更多联想的人物是孔子、孟子、朱熹、程颐与程颢；说起地域更多想到的是山东，济宁市就是孔子、孟子、颜回、曾子、子思五位儒家学者的故里，被誉为"五圣之乡、大儒之乡"。广为人知的就是"孔孟之乡"曲阜、邹城。此外贵州遵义也被誉为"大儒之乡"，安徽滁州被誉为"人文儒乡"。因此"大儒之乡"不具有唯一性与具体的地域指向性，且极易与其他知名儒家文化圣地混淆，故"大儒之乡"应作指向性明确具体的延伸挖掘。

其次，"生态湖城"主要源于衡水湖，但是被誉为"湖城"的城市不胜枚举，比如湖州、银川、岳阳、乌海、贵阳、嘉峪关等，其中湖州的别称就是湖城。同时衡水湖在省内的知名度远不如白洋淀，对于中远途的游客而言更是只知白洋淀而不知衡水湖。

（三）旅游营销

衡水属于河北旅游洼地，缺乏大体量知名旅游吸引物，旅游基础设施建设滞后，接待能力不足，对游客的吸引力偏低，客源群体以周边短途市场为主。近年来通过举办旅发大会，衡水旅游发展进入规模扩张、品牌推广的新阶段。

衡水旅游品牌推广当前主要存在以下问题：第一，旅游形象对外宣传不统一，分散了品牌形象的影响力。第二，旅游形象推广手段较为传统，主要是官方宣传片、旅发大会、旅游节庆等官方渠道，市场主体宣传力度不足，宣传方式简单，效果较差。第三，当前衡水主要是作为客源输出地，外地客源相对较少，衡水全域旅游人气不足是旅游发展环境营造的难点。因此，衡水应着力做强旅游人气，特别是下大力气，通过创新营销手段，利用周末推行"景区门票游客半价、市民免费"等货币刺激政策，引导衡水人游衡水、河北人游衡水及吸引周边山东、天津等地游客游衡水，集聚衡水旅游人气。第四，智慧旅游咨询服务功能简单，难以满足游客个性化的出游需求。衡水应用好"游衡水"微信平台，完善扩充"游衡水"服务功能，提供及时互动服务，优化服务体验，切实提升潜在客源转化率。第五，现有宣传因目标客源定位不够精准故而存在成本较高、效益较低的问题。应加强利用新媒体，特别是谋求与携程、同城、艺龙、驴妈妈、京东、淘宝等平台开展实质合作，利用其数据平台精准定位目标客源，实施精准营销策略。第六，针对京津客源的开发设计因缺乏市场调研，故现有线路针对性较差，特色不鲜明，难以形成吸引力，故应针对京津客源，特别是周末家庭游市场推出亲子游、生态度假游、文化寻踪游、空中游、马术俱乐部等特色旅游产品。

（四）优势旅游资源开发

1. 衡水湖

衡水湖景区是衡水自然旅游资源中最早创建的4A级旅游景区。衡水湖景区体量大，知名度高，游客接待规模位居衡水前列，是衡水首位度最高的景区，衡水湖景区是衡水当之无愧的核心景区与龙头景区。

衡水利用衡水湖的集聚辐射作用着力打造了衡水湖国际马术节、荷花园元宵节灯展、衡水湖环湖骑行游、中秋衡水湖观灯节、衡水湖国际马拉松节等一批旅游节庆活动与闾里古镇、冀州古城、盐河小镇、水墨小镇、酷跑小镇等一批精品特色文化旅游景区，扩大了衡水的知名度，集聚了衡水旅游人气。特别是一年一度的双金衡水湖国际马拉松赛事，因其赛事级别高、含金量大、知名度与美誉度日益提升而成为我国国际马拉松品牌赛事。衡水湖国际马拉松赛已成为衡水旅游发展的新引擎。

衡水湖作为衡水核心旅游品牌，在旅游发展中主要存在如下问题：第一，衡水湖的龙头地位作用相较于省内其他知名景区或国内知名湖泊湿地类景区相对薄弱。以白洋淀为例，2019年五一期间，白洋淀接待游客量达到22.82万人次，衡水湖只有12.5万人次。第二，衡水湖景区旅游接待扩容增项提升速度缓慢，景区参观游览休闲体验项目较为单一，休闲体验意境营造不足，湖上游览景观视觉设计与呈现较为粗犷，游客消费意愿受限。第三，衡水湖景区游览接待设施建设相对滞后，区位分布不够合理，精细化管理不到位，智慧化服务程度低，游客游览体验度不高。第四，衡水对于衡水湖在城区布局发展中的定位有所偏差。衡水湖地处冀州区与桃城区之间，位于主城区外的西南部，距主城区13千米，距冀州市区15千米。衡水依托衡水湖自然保护区成立了滨湖新区，但是滨湖新区发展缓慢，不能够为衡水湖大发展及带动衡水快速发展提供有效的发展环境支撑。第五，5A 级景区创建力度不足，进度过缓，不利于衡水全域旅游发展高地增长极的创建。

2. 景县董子故里

为了深入挖掘董子文化，衡水成立了董子文化研究院，举办了中国·衡水董仲舒与儒家思想国际学术研讨会，在国内外积极推动董子历史文化的传播与弘扬，取得了一系列重要成果。

董子故里即衡水市景县广川镇大董故庄村，是汉代大儒董仲舒的故乡。董子是衡水全域旅游核心资源之一。目前衡水董子遗迹遗存均无，为了依托董子发展旅游，2018 年衡水景县以董子故里文化旅游园区建设为统领，构建董子文化系列景观，主要包括董子故居、董氏祠堂、广川学宫等，其中占地 200 亩的广川学宫是核心景观。

为推进董子故里品牌的打造，当前及未来一个时期应着重解决以下问题：第一，董子文化博大精深、影响深远，董子文化的展示应着力提升历史韵味的厚重感与庄严神圣感。第二，董子文化开发应是一个系统工作，需将景县、枣强董子文化区作统筹整合，全域营造董子故里品牌，而非仅限于景区景点的建设。第三，董子故里文化旅游园区应是一个文化传承区、文化展示区、文化服务区。为了营造接待环境，所处城镇风貌需要依据董子文化展示所需环境科学构建修复，相关区域的基础设施配置短板亟待完善，游客服务中心、智慧旅游服务、停车场、旅游公厕等旅游公共服务供给体系服务功能应进一步完善优化。第四，应进一步加大投入，以龙头景区为定位，作好董子故里景区精品化建设发展规划与建设提升，以 5A 级景区标准构建衡水旅游发展新引擎。

3. 产业游

衡水"旅游+""+旅游"发展势头良好，旅游业与相关产业融合发展，已成为构建衡水全域旅游发展的生力军。

（1）工业旅游

衡水现有工业游主题景区主要包括蒙牛乳业工业旅游景区、衡水老白干酿酒集团工业旅游示范点及京华钢管文创园。

从已建成的工业游景区看，衡水老白干工业旅游示范点知名度最高。衡水老白干酒集"巴拿马万国博览会金奖""中华老字号""国家级非物质文化遗产"荣誉于一身，具有发展工业旅游的优势条件。

衡水老白干工业旅游区位于衡水高新技术开发区，占地1010亩，配备有相对完善的游览服务设施，主要以"博物馆+车间参观+产品销售展示"模式组建景区。

虽然衡水老白干景区发展势头良好，但是景区运营也存在一定问题：第一，景区游览设计较为传统，主要以参观为主，缺乏互动体验设计；第二，景区展示内容与国内其他酒文化景区设计雷同，缺乏特色；第三，景区购物主要为衡水老白干系列白酒，其他衍生品、文化创意品打造不足；第四，景区营销推荐力度不足，景区接待规模差强人意；第五，景区建设标准应进一步提升，作为衡水知名度最高的企业，极具特色，后续应按照高品质景区建设要求、打造衡水高端游客必游地的标准作细化提升。

（2）民间艺术旅游

武强年画、衡水内画鼻烟壶是衡水最具代表性的民间艺术。衡水武强年画博物馆是全国第一家年画专业博物馆。衡水习三内画博物馆是展示衡水三绝之一——冀派内画艺术的首家专题博物馆。

从上述两馆的运行情况来看，两馆都属于衡水较早建成的博物馆型A级旅游景区，且武强年画博物馆展陈条件不断改善，已从传统的博物馆静态展示方式丰富为3D数字交互体验式展示方式。从两馆的客源情况看，近年来已形成专业考察、艺术品鉴赏、研学旅游等几类市场，其中研学旅游市场增速较快。

作为优质民间艺术类旅游资源，应从以下几方面着手扩大影响力：第一，继续优化展品的展陈方案，增加交互体验设计，利用科技手段提升观赏体验效果。第二，完善线上数字展示服务，建立云博物馆，利用VR、AR等技术宣传衡水民间艺术，扩大衡水民间艺术的影响力。第三，研学旅游是市场空间巨大的旅游新业态，博物馆是开展研学旅游的重要场所。为了培育两馆研学市场，两馆应严格按照研学旅游基地的标准，配套完善研学设施，研发特色鲜明的研学课程体系，发挥其文化传承、文化育人的作用。第四，两馆应加强文创衍生品的设计,以创意新颖的特色旅游商品带动两馆综合效益的提升。

(3)乐器加工

衡水武强金音集团是国内最大的西管乐器加工商,同时也是行业标准制定的会长单位。2015年以来,武强根据西管乐器产业列入《京津冀协同发展规划纲要》的历史机遇,以建设世界最大乐器产业航母为发展目标,将乐器产业由生产制造向展览销售延伸,由单纯的乐器加工销售向音乐创作延伸,由乐器加工制造产业向文化休闲旅游多产业集约发展延伸,打造出衡水武强"乐器+"产业发展新模式。

乐器文化产业园区、音乐教育服务联盟、3A级景区周窝音乐小镇及麦田音乐节、中国吉他文化节等音乐盛会都是衡水"乐器产业+旅游+相关产业"融合发展的阶段成果。

依托武强乐器产业发展而来的音乐主题特色小镇是衡水极具垄断优势的旅游新业态。为了能将这一优势新业态做强做大,在未来的发展中应特别关注以下相关问题:第一,文旅融合产业不够强大,融合方式简单、被动,层次偏低,产业优势不强,经济效益不高。第二,文旅产业融合发展主要以政府引导为主,相关产业发展政策配套不足,社会资本、社会资源进入较为困难,这在一定程度上抑制了武强音乐文旅产业的创新发展与产业经济贡献度的提升。第三,武强音乐文旅产业发展缺乏高端规划,区域环境的国际化及音乐美学元素氛围营造滞后。文化园区的空间布局、产业配置、街道建筑、景观绿化、院落墙体等音乐主题设计展示时尚化、艺术感、智能化、国际化氛围不够浓郁。第四,从业人员音乐素养有待培育,旅游服务意识需要加强。

三、衡水创新旅游发展对策

(一)优化旅游形象

依托衡水湖、董仲舒、衡水老白干等衡水知名度较高的旅游资源,对现有"大儒之乡、生态湖城"作具象化、精准化、独特性、认同感等优化升级。

为了增加识别度和独特性,建议衡水将全域旅游形象调整为"大儒董子故里、北方生态湖城",抑或是"大儒董子故里、北方醉美湖城",一则指向性明确,二则突出了北方湖城及老白干等衡水独有品牌形象。

(二)打造特色新业态

衡水旅游产业发展规模小,产业优势不突出,旅游竞争力弱。这就决定了衡水旅游发展不能走由常规规模扩张到内涵提升这样的发展路径。衡水应立足客源市场需求,分析自身独有的优势文旅资源,打造稀缺旅游服务产品供给体系,走高端、精品带动型全域旅游发展路径。

衡水乐器制造产业、马术产业、高中教育产业极具特色,国内鲜有同类旅游目的地,衡水应充分发挥交通便利、邻近京津石等重要规模型客源市场的有利条件,积极探索发展音乐文化产业链条、马术运动产业高地、高考教育模式巡礼等广受关注、客源群体相对高端、经济价值高、资源垄断优势鲜明、彰显衡水地域特色的稀缺文旅产业集群。

(三)提升龙头景区品质化建设力度

衡水湖、董仲舒故里是衡水全域旅游发展的两张王牌,是带动衡水旅游发展、构建全域旅游形象的核心品牌资源。为了增强上述两个景区的龙头地位及带动辐射作用,衡水应着力加强两景区高品质 A 级景区创建工作力度。应尽快推动衡水湖景区 5A 级创建实质提升建设,填补衡水 5A 级景区创建空白。适时申请加入联合国教科文组织设立的"人与生物圈"建设名录,推动衡水湖国际化保护与世界级湿地建设,为衡水湖持续发展奠定坚实基础。

(四)优化衡水城市发展空间布局

近年来,衡水着力打造生态湖城的城市发展品牌,但是衡水湖对衡水城市发展空间格局的重要意义并未得到深入的认知解读。衡水湖对城市发展的辐射带动作用与湖城的发展目标差距较大。主要原因是主城区距衡水湖有一定的空间距离,关联度不够紧密,滨湖新区发展缓慢,城区建设功能化程度偏低。

衡水应重新定义衡水湖对衡水市发展空间架构的重要作用,将衡水主城区的发展空间过渡至衡水湖,加强衡水湖与主城区的关联程度,打造"湖在城中、城中有湖"的新发展格局,真正实现湖城的景观建设目标。通过城湖合一建设,打造衡水城市发展生态核心区,主要发展文化、服务、科技、创新、康养等高端产业集群,为优化衡水城市环境、拉开城市发展空间、提升城市美誉度、树立湖城旅游形象提供新的城市发展催化剂。

(五)补齐旅游公共服务建设短板

衡水现已建成了"一部手机游衡水"旅游服务平台。该平台利用大数据、人工智能技术为来衡游客提供一站式智慧服务,弥补了衡水智慧游建设空白。但是该智慧平台存在各服务供应商智慧服务标准不一、信息更新缓慢、互动体验差等问题,客流引导、市场监管等功能都有待完善。

旅游公厕建设是衡水旅游公共服务建设的亮点,衡水市 A 级景区旅游厕所百度地图上线率与全市旅游厕所百度地图上线率的排名均为全省首位。衡水旅游公厕建设主要存在建设标准较低、智能化建设相对落后、科技元素体现不足、体验感较低等问题。旅游公厕品质化建设、体验感优化提升应成为衡水旅游公厕后续建设的主要任务。

2017 年建成运行的衡水市旅游集散中心是衡水市旅游功能最为齐全、配套服务最为多样化的综合性旅游服务平台。衡水全域旅游的发展需要构建完整的旅游公共服务体系,这其中包括覆盖总服务中心、主要全域旅游建设区、核心景区和主要接待场所的游客中心建设。显然衡水在主要景区、主要游客集散地等区域的游客服务中心建设存在明显不足,后续应根据需求情况合理布局,及早完成游客服务中心体系建设。

第十一节　廊坊创新旅游发展研究

一、廊坊旅游发展现状

廊坊市是全国优秀旅游城市、国家园林城市、可持续发展国家实验区,并荣获国家人居环境奖。廊坊区位优势独特，紧邻北京大兴国际机场，毗连京津两大直辖市及雄安新区，地处京津冀腹地，被誉为"京津走廊上的明珠"，是大运河文化带的重要节点城市。廊坊周边客源规模极具竞争力，半小时交通圈内拥有超过1亿人次的消费群体，且京津为高端消费群体富集区，特别是商务休闲群体规模庞大。廊坊休闲资源丰富，业态齐全，是京津两市重要的休闲旅游目的地。廊坊市生态环境良好，森林覆盖率34%，绿化率达到38%，是河北省少有的双率超过国家森林城市标准的地级市。

（一）A级景区建设

截至2021年，廊坊共有A级景区41家，其中5A级景区空缺、4A级景区5家、3A级景区22家、2A级景区14家。2017年后新增A级景区21家，其中4A级新增2家、3A级新增12家、2A级新增7家。A级景区主要类型包括农业生态园类景区17家、家居展销体验类4家、纪念馆（博物馆）类4家、非遗展演类2家、特色小镇4家、其他类10家。

（二）星级酒店

截至2021年，廊坊共有星级酒店17家，其中五星级酒店3家（开发区2家，三河1家）、四星级酒店6家（霸州2家，广阳区2家、大厂1家、三河1家）、三星级酒店7家（广阳区3家、三河3家、开发区1家）、二星级酒店1家。

（三）全域旅游示范区

截至2021年，廊坊国家级全域旅游示范区建设未取得突破，现已建成省级全域旅游示范区3家（大厂回族自治县、香河县、大城县）。

（四）其他国家级项目

"十三五"期间廊坊被评为国家公共文化服务体系示范区（2016年）。廊坊现拥有国家级文化产业示范基地1家。廊坊市新绎七修酒店被列入"国家首批中医药健康旅游示范基地创建单位"名录。2021年，廊坊被国家发改委、文旅部、财政部确定为首批"国家文化和旅游消费示范城市。"

（五）文旅产业建设平台

近年来廊坊通过举办文旅产业发展大会，集中打造文旅新业态，培育文旅新品牌。依托京津冀一体化，大力开展三地文旅产业交流，共同推动成立"京津冀公共文化服务示范走廊"发展联盟，联合北京通州、天津武清文旅部门成立"通武廊"文化和旅游合作联盟，成功组织了通武廊文旅展演、京津冀非遗联合展演、京津冀自驾与露营大会、京津冀文化艺术节等活动，带动了廊坊文旅产业的发展。通过实施文化消费补贴，建设文化旅游消费云平台，组织文创和旅游商品创意设计大赛，发起设立京津冀旅游一卡通等培育市场消费需求，激发文旅产业消费能力释放。

（六）主要旅游板块建设

廊坊市构建了"一核、三带、四廊、八坊、多点"的全域旅游空间格局，即以廊坊中心城区为核心，构建永定河休闲旅游带、潮白河休闲旅游带、淀洼生活休闲带三大线性旅游空间。同时，以四条景观"廊"串联八个特色产业"坊"，通过推进全域旅游示范区和旅游特色县、建设旅游景区（园区）和旅游度假区、促进乡村旅游和乡村振兴协同发展等，实现"多点支撑"。

1. 市区商务休闲功能建设

廊坊作为京津世界级城市群的重要节点城市，主城区围绕绿色商务休闲功能构建提升城市品质建设。2020年，廊坊主城区绿化覆盖率超过47%，人均公园绿地面积近15平方米，城区街头便民休闲游园已建成开放112个，生态、绿色、园林城市形象的构建为发展商务休闲功能建设提供了良好的环境基础。为对接北京城市副中心、大兴国际机场临港服务区及雄安新区建设，廊坊主城区通过推进公共基础设施、城市风貌、特色街区、公共文化设施及体育休闲运动设施建设，提升城市精细化管理水平，升级智慧型城市建设等举措主动融入世界级城市群的构建。

2. 近郊休闲产业带建设

城郊休闲产业是廊坊文旅产业发展独具竞争力的优势资源。廊坊城郊休闲产业带主要涉及主城区周边东北部的香河、大厂、三河三地形成的京东休闲旅游片区，中部的霸州、永清、固安片区。东北部的京东休闲旅游片区主要依托北运河及潮白河，挖掘大运河人文景观及自然景观资源建设近京津的特色品质滨河休闲带。标志性项目包括以田园风光、休闲农业、精品民宿为特色的香河水岸潮白景区，以展现明清北京古城风貌为特色的中信国安第一城景区，以世界遗产大运河文化公园为载体的北运河香河中心码头等大型项目及其他特色项目。中部片区主要依托永定河大力开展自驾游宿营、特色农业、温泉康养、民俗非遗、康体健身等紧密对接京津高端客源的特色休闲旅游新业态。

3. 优势休闲产业集群建设

廊坊缺乏垄断性、大体量、高品质文化与自然资源，因独具的市场区位优势，发展特色休闲产业集群是突破资源禀赋低的瓶颈因素的重要突破口。

廊坊地势平缓，农业休闲资源丰富。廊坊以京津市场需求为导向，以农业供给侧结构性改革为载体，大力实施"乡村+旅游"深度融合发展，集中打造现代农业休闲产业体系。特色农庄、都市农业、农事体验、农村特产、农村精品民宿、乡村自驾、乡村宿营已成为廊坊现代农业休闲产业的重要组团。近20家乡村休闲主题类A级景区及数十家农业休闲项目已成为廊坊现代农业休闲产业的主要支撑。廊坊休闲农业已成为廊坊旅游发展的重要品牌与优势产业。

廊坊温泉众多，尤其是位于永清、固安、霸州三县交界地带的牛驼地热区，其中霸州热水储藏量多达220亿立方米，出水口温度可以达到80摄氏度。固安与霸州被誉为"温泉之乡"。温泉为重要的康养休闲高端资源，固安与霸州区位交通便利，处于首都经济圈的中心位置，辐射人口将近7000万。围绕温泉资源，固安与霸州建立了以温泉会所度假村、会议中心、康养酒店、商务会所、高尔夫会所、高端医疗为主的，辐射乡村休闲、特色购物，以霸州日月潭、茗汤、固安华御等温泉养生项目及燕达国际健康城、新绛七修酒店、来康郡温泉康养小镇为代表的廊坊京南温泉休闲康养旅游产业体系。

特色小镇是承载区域经济转型的重要载体，也是提升城镇生活品质的重要支撑。2016年，廊坊的香河县安平镇、霸州市胜芳古镇、文安县左各庄镇及大城县南赵扶镇被列入河北省首批全省重点培育的100个特色小城镇名单。2019年，永清县云裳小镇、香河机器人小镇、大厂影视小镇、永清定向运动小镇、大成宫廷木艺小镇、安次第什里风筝小镇、香河健康小镇、安次印刷小镇、永清智能家居小镇、永清盛世福地生态小镇、霸州生态农业小镇被列入河北省特色小镇创建类和培育类名单。2020年，安次龙河体育休闲小镇、东沽港应急产业小镇项目落地。荷花小镇、威武屯骑行小镇、别古庄核雕小镇、南汉宫廷艺术小镇、林城温泉小镇、葫芦艺术小镇等一批特色小镇也颇具知名度。

廊坊已初步建成了彰显地域产业特色、生态特色、文化特色，涉及康养、工业、农业、文化、体育、科技创新等业态的初具竞争力的特色小镇产业集群。

4. 特色休闲产业新业态建设

一般认为，旅游新业态主要涉及乡村游、康养游、自驾游、购物游、文创游、运动游、低空游、工业游、海洋游、研学游等十大业态。廊坊旅游新业态主要涉及乡村、康养、文创、运动、购物等。

马术俱乐部属于轻奢旅游休闲业态。廊坊马术俱乐部数量位居省内前列，现建有各类马术俱乐部18家，主要分布在三河燕郊、广阳区。廊坊马术俱乐部紧密对接京津高端马术爱好者群体，主要提供骑乘体验与马术教学服务，马匹繁殖与赛事组织方面相对较薄弱。廊坊马术俱乐部产业已初具规模，在驾乘体验、马术培训市场形成了一定的竞争力。

廊坊拥有全国最大的家具市场香河、家具生产基地胜芳、全国有名的家具材料市场文安、古典家具生产基地大城。廊坊已建成香河金钥匙家居、大城中国红木城、大城京做红木家具旅游基地三座全国罕有的以家具文化为特色的A级旅游景区，丰富了京津冀地区工业旅游产品。廊坊家具产业规模大，营销中探索采用家具采购与旅游体验相结合的"旅游+"模式，形成了廊坊新工业旅游产品。但是廊坊家具休闲旅游产业在科技创新、服务赋能等方面较为薄弱，缺乏竞争力。

文创产业能反映城市的发展定位,是引领城市发展的战略先导产业。廊坊文创产业根植于廊坊本土文化,以创造、创新、创意为核心,融合传统工艺、技术创新及艺术呈现,体现了廊坊文创对廊坊文旅产业的赋能。廊坊拥有国家级、省市级文化产业示范基地数家,规模以上型文创企业已超过百家。2021年,廊坊被国家发改委、文旅部、财政部确定为首批"国家文化和旅游消费示范城市"。

依托京津文创人才、技术及资本优势,"十三五"以来廊坊实施了梦廊坊文化产业园、中国社科院中国考古研究基地、燕郊世界华人收藏博物馆、国家印装产业园等一批重大文化创意产业项目,带动了廊坊文创产业做大做强。文旅安次1898文化商街、"只有红楼梦"戏剧幻城、京锐景泰蓝等IP文创项目凸显了文旅深度融合。

二、廊坊创新旅游发展的主要问题

在京津冀一体化、雄安新区建设的双优背景下,廊坊经济结构供给侧改革进入攻坚克难阶段,旅游业发展处在高增长的黄金发展期。全市旅游业正在围绕产业结构优化调整、产业要素培优壮大、产品供给完善提质、服务质量全面提升等关键环节发力建设。但制约廊坊旅游产业发展的不平衡不充分、整体质量水平低、竞争力薄弱等问题仍较为突出。主要表现为以下几个方面。

(一)旅游形象定位不精准

廊坊官方旅游口号为"京津乐道·绿色廊坊"。当前这一口号突出了廊坊毗连京津的区位优势及廊坊良好的生态环境,更多强调了绿色生态,并没有能够突出廊坊休闲资源类型丰富、品位高的突出特色。与京津两市山区县相比缺乏独特性。因此该口号对廊坊相对优势资源提炼不足,旅游形象定位不够精准,对主要客源地缺乏吸引力。

(二)缺乏知名旅游品牌

廊坊休闲旅游资源品类丰富,资源品位高,是京津冀区域极为独特的休闲资源高地。但是从乡村、康养、运动、文创等优势休闲业态来看，廊坊缺乏对相关休闲资源的整合与品牌塑造。特别是出现了闭门造车现象，缺乏与北京、天津及周边城市休闲资源的差异化及特色化整合。现有的品牌产品亟待升级换代，特别是科技赋能、服务赋能、智慧数字化等方面与市场需求差距较大，亟须改善。

（三）"旅游+"融合创新发展有待深化

廊坊定期发布的《廊坊文化旅游发展蓝皮书》显示，廊坊在旅游产业融合发展上开展了很多实践探索，积累了很多实践经验。但廊坊旅游发展与京津两地融合度不足，相较于京津两地，廊坊在旅游产业融合发展的广度与深度上都有待深化，特别是应围绕主要客源地文化消费升级迭代的需求做足文章。在全季旅游、全天旅游、夜经济、城市公共空间等领域加大供给侧改革。依托休闲农业、健康养生、商务会展、特色工业、体育休闲等创新开展"旅游+"的转型升级、品牌塑造以提高综合效益。

（四）旅游公共服务供给存在短板

一个成熟的旅游目的地城市，不仅需要优质的旅游产品，旅游目的地管理与服务呈现也至关重要。如果要增加游客的停留时间、增加游客旅游目的地的消费意愿，过硬的精品旅游产品供应是前提，而完善的旅游公共服务体系是保证。廊坊当前在旅游公共服务体系建设上存在公共服务能力及游客满意度双低的问题。主要问题包括旅游公厕建设还存在盲点区域，旅游公厕建设品质及管理服务有待提升。旅游景区、旅游住宿、旅游餐饮、文化场所、高速公路、火车站、汽车站等无障碍服务设施配套建设有待加强。旅游服务志愿者队伍建设较为薄弱。休闲新业态标识配置不及时、不到位。旅游咨询服务为游客提供信息的实时更新保障能力需要提升。智慧旅游建设与市场需求差距较大，特别是智慧旅游与游客沉浸式、便利化、互动性、一站式的智慧旅游需求匹配吻合的满意度偏低。

（五）旅游产业要素建设有待提升

廊坊旅游产业体系已由规模增长向内涵提质建设转换，但是在食、住、行、游、购、娱六大基本要素配置方面仍存在需要解决的问题：第一，游客人均消费偏低，行、食、住消费占比畸高，游、购、娱比例过低，反映出廊坊旅游产品开发力度不足，旅游产品附加值偏低，对游客吸引力明显不足。第二，旅游产品设计创新度偏低，不能满足游客个性化需求，高品质供应偏少。当前廊坊4A级景区数量偏少，5A级景区建设至今空白，3A级及以下景区是廊坊景区的供应主体，景区结构反映出廊坊景区精品化、品质化建设任重道远。星级酒店数量、类型与商务及休闲市场需求不匹配。现有酒店装修陈旧，服务功能不完善，四星级以上酒店数量不足。主题型、精品型酒店与特色民宿供应不足。

（六）区域合作关联度不高

现有通州、廊坊、武清三地的"通武廊"旅游合作联盟，京杭大运河"河北旅游营销联盟"及京津冀一体化的合作深度、合作力度及合作水平都有待加强，特别是在错位发展、吸引客源、快旅慢游交通体系构建、区域旅游形象整合等方面需要重点着力。

（七）顶层设计有待完善

廊坊已制定了《廊坊市全域旅游发展总体规划（2018—2025）》，但现有规划缺乏各项专项发展规划作支撑，就如何有效推进全域旅游发展规划的落地实施，如何有效推动廊坊文旅产业转型升级、有效融合、创新发展缺乏体系性保障设计。

三、廊坊创新旅游发展对策建议

（一）整合资源精准市场定位

廊坊应适时对"京津乐道·绿色廊坊"形象口号进行修订，在强调对接京津的同时，要突出与京津错位化、差异化的特色休闲资源，建议改为"京津休闲地·廊坊属第一"。

(二)加强旅游公共服务设施建设

第一,进一步优化旅游公厕的配置,提升旅游公厕设计品质,完善旅游公厕游客体验管理,评选示范性旅游公厕,引领廊坊旅游公厕服务保障能力的进一步提升。

第二,完善景区及休闲消费场所停车服务设计,主要包括增加停车场数量,优化停车场服务功能,保证自驾游、休闲游消费者停车需求。

第三,按照国家标准,完善旅游设施无障碍环境建设。特别是加强对老年休闲消费群体的人文关怀。

第四,建立"廊坊智慧旅游"服务体系,涉及"畅游廊坊"App、微信、微博,推进3A级及以上景区5G网络覆盖,实现四星级以上酒店5G网络覆盖。优化游客服务中心配置,适时扩容提升数字化体验服务,鼓励发展虚拟游览、沉浸式体验、智慧导览等新型旅游服务,多点配置无人智能游客服务中心。

第五,对接北京、天津,抓住契机,配合推进京津冀(廊)跨区域、班线化旅游直通车和京津冀(廊)旅游专列。

第六,要及早建立与交通运输、市场监管、公安、统计、金融和信息化等相关部门的数据共享机制,整合共享旅游信息系统,完善旅游统计指标体系,确保旅游统计数据的准确性,提升旅游统计数据对决策的支撑作用。

(三)加速产业升级

与京津资源错位发展,尽快全力打造廊坊多产业融合旅游龙头品牌。优化A级景区结构,选好项目,创建5A级景区,升级2A、3A级景区,打造高品质景区群,切实改变景区规模大、品质低的供需错位状况。

按照全国乡村旅游重点村、镇评选要求,对现有特色村镇开展对标建设,力争有更多的村镇被纳入国家级乡村旅游名录,使廊坊乡村旅游成为京津冀区域的发展高地。

依托温泉、绿色等优势康养资源培育创建生态型、休闲型的具有独特性的省市级旅游度假区产业群,为廊坊休闲度假产业发展奠定服务供给基础。

根据国家《"十四五"旅游业发展规划》找准定位,依托被命名为"国家文化和旅游消费示范城市"的契机积极创建国家级夜间文化和旅游消费试点城市、国家级休闲街区,切实为构建京津休闲胜地的品牌形象提供重要支撑平台。

布局目的地型休闲度假精品酒店,配置特色主题民宿,提升星级酒店品质,提高廊坊中心城区商务会展及休闲旅游接待能力。

(四)优化旅游空间布局

廊坊应进一步以京津冀一体化发展与雄安新区建设为契机,优化休闲旅游发展空间布局。围绕大运河国家文化公园、京津冀世界级城市群建设目标,推出国家级乡村旅游风景大道,打造国家级精品旅游线路。

为迎接大众休闲旅游时代的到来,廊坊在休闲旅游空间布局时应为游客"微旅游"与"微度假"创造条件。优化主客共享的城乡旅游休闲空间设计,科学布局市区旅游休闲街区,合理配置环城市近郊度假休闲带,推进风景廊道、步行道、骑行道、郊野公园等建设。

参 考 文 献

[1] 冀文彦,王军. 基于冬奥会的张家口旅游产业竞争力研究[J]. 北京城市学院学报,2019(3):13-19.

[2] 李晓. 京津冀协同发展下河北省促进旅游消费若干问题探究[J]. 旅游纵览,2021(5):114-116.

[3] 王越瑾,常翠霞,丁波. 京津冀一体化背景下保定市旅游业现状与发展对策[J]. 当代旅游,2020,18(29):42-44.

[4] 刘欣雅,梁永国. 全域旅游背景下秦皇岛市旅游产业贡献分析[J]. 统计与管理,2019(9):78-82.

[5] 杨亮,张秀兰. 邢台文化旅游资源的特征及开发策略[J]. 河北旅游职业学院学报,2018(9):38-42.

[6] 楚志锋,吴军梅. 全域旅游背景下衡水市旅游经济发展的路径研究[J]. 智能城市,2019(6):75-76.

[7] 赵瑛菲. 关于廊坊区域旅游产业一体化发展思考[C]//河北省廊坊市应用经济学会. 对接京津——环绕首都 资源配置论文集. 廊坊:河北省廊坊市应用经济学会,2019:266-272.

[8] 苏铁成. 承德市创建国家全域旅游示范区的思考[N]. 中国旅游报,2018-11-15(5).

[9] 王子贤,杨青. 文旅融合背景下文化元素助推全域旅游发展研究——以保定市为例[J]. 智库时代,2019(7):284,293.

[10] 崔新蕾，刘欢. 国家创新型城市设立与区域创新能力[J]. 科研管理，2022（1）：32-40.

[11] 张晓阳. 全域旅游视角下河北省旅游产业融合创新发展研究[J]. 旅游与摄影，2021（1）：22-23.

[12] 张雪. 以创新驱动重塑旅游业[N]. 经济日报，2022-02-11（2）.

[13] 河北省文化和旅游厅. 河北省文化和旅游发展"十四五"规划[EB/OL]. （2021-10-19）[2022-04-12]. http://swt.hebei.gov.cn/investheb/info.php?id=14786.